终身教育视野下的现代成人教育管理创新研究

毛丹青　著

中国农业出版社

农村读物出版社

北　京

图书在版编目（CIP）数据

终身教育视野下的现代成人教育管理创新研究 / 毛丹青著 . —北京：中国农业出版社，2023.4
ISBN 978-7-109-30557-1

Ⅰ．①终⋯ Ⅱ．①毛⋯ Ⅲ．①成人教育－教育管理－研究 Ⅳ．①G72

中国国家版本馆 CIP 数据核字（2023）第 054111 号

终身教育视野下的现代成人教育管理创新研究
ZHONGSHEN JIAOYU SHIYEXIA DE XIANDAI CHENGREN JIAOYU GUANLI
CHUANGXIN YANJIU

中国农业出版社出版
地址：北京市朝阳区麦子店街 18 号楼
邮编：100125
责任编辑：周益平　　文字编辑：李海锋
版式设计：杨　婧　　责任校对：张雯婷
印刷：北京中兴印刷有限公司
版次：2023 年 4 月第 1 版
印次：2023 年 4 月北京第 1 次印刷
发行：新华书店北京发行所
开本：700mm×1000mm　1/16
印张：11.25
字数：220 千字
定价：68.00 元

前　言

　　进入 21 世纪以来，终身教育、终身学习和学习化社会的理念在国际上广泛传播并产生了深远的影响。作为一种相对独立的教育形态，成人教育在终身教育体系中的地位越来越彰显，作用越来越重要，成人教育已经不仅是终身教育的一个阶段，更是实现成人全面而自由发展的重要方式。因此，要发挥成人教育在教育改革和社会发展中应有且独特的作用，必须切实做好对成人教育的管理工作。从本质意义上讲，成人教育的效益就是成人教育管理的效益，换言之，成人教育的效益只有通过成人教育管理才能实现。为了切实提高成人教育的教学质量和办学效益，促进成人教育的机会公平、过程公平和结果公平，需要着力开展成人教育管理自身规定性的研究、成人教育主要构成要素管理的研究、成人教育管理活动过程的研究以及不同类别成人教育管理的研究，以期最终构建具有中国特色的现代成人教育管理创新体系。

　　综上所述，笔者撰写了《终身教育视野下的现代成人教育管理创新研究》一书，以现代成人教育的现实审视、成人教育的人本论与体系论、终身教育体系及其构建、终身教育时代成人教育的发展为切入点，具体探讨成人教育的类别管理与模式创新、成人教育的过程管理与组织创新、成人教育的资源管理与科研创新、成人教育的教学管理与课程创新、终身教育视野下成人教育管理机制创新和终身教育视野下成人教育创新实践等。

　　本书在终身教育体系和终身学习框架内，实现学术性与应用性紧密结合、系统性与专题性相互补充、继承性与创新性辩证统一、现实性与前瞻性协同并进，通过对现代意义上的成人教育管理进行全面而深入的研究，以期为我国成人教育管理创新的现代变革提供具有参考和借鉴意义的创新性思维和建设性主张。

　　在撰写本书的过程中，笔者得到了许多专家学者的帮助和指导，在此表示诚挚的谢意。由于笔者水平有限，书中难免有疏漏之处，希望各位读者多提宝贵意见，以便笔者进一步修改，使本书更加完善。

著　者

2022 年 10 月

目　录

■ 第一章 绪 论

第一节 现代成人教育的现实审视

成人教育（adult education）是指为满足人和社会全面发展的需要，有目的、有组织地为所属社会承认的成人提供的非传统且具有自身特色的教育活动。广义的成人教育，是指对成人开展的教育，是终身教育中成人阶段一切教育的集合，是与未成年人全日制学校教育相对称的一种相对独立的教育体系。狭义的成人教育，是指普通全日制教育以外的、面向成年人的学历教育，包括成人高中教育、成人中等专业教育和成人高等教育。在本书中，如未特意说明，均指广义的成人教育。

按教育功能进行划分，广义的成人教育可分为成人职业教育子系统和成人非职业教育子系统两大子系统：成人职业教育子系统，包括职业技术教育、技术等级教育、岗位培训教育、职业性继续教育等；成人非职业教育子系统，包括面向成年人的普通学历教育、成人学历教育、思想政治教育、社会经济教育、社会法律教育、社会文化教育和社会生活教育等。

一、成人教育的属性分析

成人教育和其他教育一样，均是精神文明建设的组成部分。具体而言，成人教育的性质是由人类社会的基本矛盾——生产力和生产关系、经济基础和上层建筑之间的矛盾决定的。社会的基本矛盾决定成人教育具有两重属性——生产力属性和上层建筑属性。这两重属性的实质是人类社会基本矛盾在成人教育中的反映。

（一）成人教育的生产力属性

从教育与生产力的关系来看，生产活动是人类最基本的实践活动，是决定一切社会活动的基础。在社会生产中，生产力又是最活跃、最具有革命性的因素，生产力的发展会引起生产关系及其他社会关系的变化。换言之，生产力推动着整个社会的发展，而生产力的发展，是教育发展的决定性因素。

教育的变革和发展受生产力的影响与制约。这是因为生产力发展是教育发展的物质基础，不同的生产力发展水平，既为教育提供不同的物质条件，又对教育提出不同的要求，并使教育为其服务。以职工教育为主体的近现代成人教育是生产力发展到一定阶段的产物，是随着大工业生产的发展而产生和发展起来的。因此，近现代成人教育与生产的关系更为密切，受生产力的制约和影响更为直接。一方面，生产力发展水平影响与制约成人教育变革的发展；另一方面，成人教育又对生产力发展有着巨大的促进作用，直接影响着生产力三要素（劳动资料、劳动对象、劳动者）的变革和发展。

1. 成人教育对劳动者的影响

从劳动者的角度看，成人教育对劳动能力有以下四个方面的影响。

第一，改变成人劳动能力的性质。从某种意义上说，成人教育通过教育过程，把潜在的劳动力转化为现实的劳动力，改变了成人劳动能力的性质。从人力资源开发角度而言，成人教育通过教育培训使初始形态的人力资源得到加工、改造，使劳动者掌握知识和技能，将其转化为人力资本，成为社会经济发展的第一资本。

第二，提高成人劳动能力的水平。以在职职工为例，所谓劳动能力水平，主要是指工人的平均熟练程度，包括教育程度和实践经验程度，其中教育程度是主要的。在现代化生产的条件下，不同文化程度的人创造的价值也不同。

第三，改革成人劳动能力形态。成人教育可以使成人由简单形态的劳动力转化为具有特定技能和技巧的专业形态的劳动力，由以体力劳动形态为主的劳动力转变为以脑力劳动形态为主的劳动力。

第四，全面持久地影响成人劳动能力的发展。所谓"全面影响"，是指通过成人教育，可以使成人的素质得到全面发展；所谓"持久影响"，是指成人通过成人教育获得和提高的劳动能力对自身有着终生影响。

2. 成人教育对劳动对象的影响

从劳动对象的角度看，成人教育能够促使劳动对象不断向深度和广度发展。其表现为天然劳动对象扩大为人造材料、合成材料、复合材料等。促进劳动对象的变革扩大，关键在于掌握现代科学知识和生产技能的人才，而一般的人力要转化为人才，则必须依赖成人教育。

3. 成人教育对劳动资料的影响

从劳动资料的角度看，成人教育对劳动资料有着重要影响。劳动资料即人用来影响和改变劳动对象的一切物质资料的总和，包括生产工具、土地、建筑物、道路、运河等，其中起决定作用的是生产工具。成人教育关系到先进技术装备发挥作用的程度。先进技术装备要想真正形成生产力，其使用者必须经过全面培训和接受专业技术教育。由此可见，使用者的受教育程度决定着先进技术装备作用发挥的程度。

综上所述，成人教育通过其生产专门劳动力和培养人才这一职能，与生产力有着内在的本质联系，从而获得了生产力这个社会属性。尽管劳动力再生产与社会物质生产密切相关，但毕竟是两个不同性质的社会实践。前者是培养人的实践活动，受教育基本规律的制约；后者是社会存在形式的生产，是创造物质财富的活动，因此成人教育不能等同于生产力。

（二）成人教育的上层建筑属性

1. 教育的性质为政治、经济所决定

唯物史观表明，任何历史时代的文化教育总是从属于该时代的政治、经济，并受其制约。有怎样的经济形态的社会，便有怎样的教育。因此，政治和经济决定着教育的性质，表现在以下三个方面：教育的领导权和受教育权；教育的目的、方针、政策；教学中某些内容以及教学内容中的思想政治方向。

2. 教育随政治、经济的变革而变革

人类社会教育史表明，在不同的社会历史阶段，教育具有不同的性质和特点。教育随着经济基础的变动和政权性质的改变而变化，当新的生产关系代替旧的生产关系时，就会产生与之相适应的新的教育，教育的领导权、受教育权以及有关政治、哲学、道德等教育内容，也就必然会随之发生变化。

3. 教育对于政治、经济具有反作用

教育为政治、经济所决定；反之，又给予政治、经济以巨大的影响和作用。这种反作用的性质，是促进还是阻碍，取决于它所服务的政治、经济的性质。

作为以社会成年劳动者为主要对象，与社会政治、经济联系更为直接并且密切的成人教育，其上层建筑属性更为突出。尽管如此，成人教育本质上讲还是属于教育范畴，而教育范畴是一种相对独立的范畴，是培养人的实践活动，受教育自身的基本规律的制约，因此成人教育又不等于上层建筑。

二、成人教育的基本特性审视

成人教育同普通教育相比，其基本特性有以下六个方面。

（一）教育对象的广泛性

成人教育的教育对象范围甚广，包括所有成人，不论其性别、年龄、受教育程度、职业、经历、居住地等的差异，都是成人教育的教育对象。因此，可以说，哪里有成人群体，哪里就有成人教育。

（二）教育领域的开放社会性

成人教育既有自己的独立体系，又包含在整个社会之中；既是教育工作的一部分，又是社会经济工作和社会群众工作的一部分，具有广泛的社会基础和群众基础。哪里有社会组织存在，哪里就有成人学习者；哪里有生产工作活动，哪里就有相应的成人教育活动。一切机关、学校、企事业单位、社会团体等都是成人教育的依托；一切社会公共文化教育设施和大众教育传播媒介，如广播、电视、图书馆、博物馆、展览馆、文化馆（站）等，都是成人教育的阵地。因此，成人教育既向整个社会开放，为整个社会服务，又依赖整个社会，深深扎根于社会之中。成人教育领域的开放社会性，取决于其受教育对象的广泛性，以及成人教育的宗旨和职责。①

（三）教育过程的终身性

对于人的一生来说，接受普通学校教育的时间是短期的、有限的，只能与学校教育过程共始终；接受成人教育的时间是长期的、终身的，与人的生命共始终。成人处在"教育—劳动—再教育—再劳动"的过程，知识信息不断传递、补充、更新、再传递、再补充、再更新，如此循环往复，生命不息，学习不止。因此，成人教育是教育、劳动、生活相统一的过程，成人教育的教育过程是终身性的。

（四）教育内容的丰富性

成人教育对象的广泛性必然带来教育内容的丰富性，其内容包括基本的读、写、算课程，博雅的文字课程，各种职业课程，休闲与娱乐课程，自我发展课程，政治法律课程，文化陶冶课程，生活调适课程，还有特殊人群课程等，几乎涵盖了人类生活的各个方面和层面。

（五）教育结构的多维性

成人教育对象的广泛性，经济结构的多结构性决定了成人教育结构的多维性。这主要反映在成人教育结构体系的多序列、多层次、多形式、多规格等特征上。

（六）教育途径方式的灵活多样性

全日制普通学校教育的学员，是同一年龄段的未成年人，具有相同的年龄特征，反映在教育上，其统一性特点十分突出。而成人教育的对象是成人，他们的情况远比未成年人复杂得多：年龄不同，有老、中、青之区别；职业不同，有行业、职务、工作之区别；原有智能基础不同，有文化程度、技术水平、业务能力之区别；学习条件不同，有身体强弱、住址远近、家务负担轻重之区别，单位、系统、地区之间更是存在种种区别；等等。由于这种复杂区别的存在，成人教育的途径方式就必须灵活多样，这样才能适应成人学员的各种不同情况和不同需要，如教学组织形式采用课堂面授式、函授式、电授式、自学考试等多种多样的形式。

---

① 叶忠海．现代成人教育学研究［M］．上海：同济大学出版社，2011：31-39.

第二节　成人教育的人本论与体系论

一、成人教育的人本论

(一) 成人教育的目的论

成人教育的目的，是对成人教育预期结果的价值取向，是成人教育的出发点和最终归宿，是制定教育目标、确定教育内容、选择教育方法、评价教育效果的根本依据。换言之，成人教育的目的，从根本上规定着成人教育活动的方方面面。成人教育的目的是成人教育研究的总纲和基础，因此，必须高度重视成人教育目的相关内容的研究。

综观世界近现代成人教育的发展史，可以发现，成人教育作为培养人的社会活动，根植于一定的社会历史背景之中，是一定的社会历史发展的产物。一个历史时期的成人教育的目的，集中反映了该时期社会和人的发展对成人教育的客观要求，它会随着社会历史的变化而变化。不同国家、地区的成人教育目的具有空间差异性，具有一定的区域特色，是地域间社会和自然的空间系统差异的反映，其中政府行为的选择导向性对成人教育的目的有着重要影响。尽管成人教育目的的具体内容会随着时空条件的变迁而动态地发生变化，然而归纳起来，成人教育预期结果的价值取向无非两个方面：一是以推进社会可持续发展为价值取向；二是以促进成人的全面而自由发展为最终价值取向。

就推进社会可持续发展而言，人类社会发展史充分证明：社会发展最终取决于社会生产力的发展，会随着社会生产力的发展而发展；在不同的生产力发展阶段，必然会出现具有相应经济属性的社会。农业社会是原始经济向农业经济转化发展的产物。工业社会是农业经济向工业经济转化发展的产物。当今时代，随着以信息技术为核心的新技术革命的兴起，现代社会正呈现出历史性的变化趋势：工业社会正让位于伴随着信息革命崛起的知识型社会。综上所述，成人教育具有生产力属性，直接影响着生产力三要素的变革和发展，对生产力发展有着巨大的促进作用，从而推动着人类社会不断向前发展。因此，毫无疑问，成人教育的价值取向之一就是推进社会可持续发展。

就促进成人全面而自由的发展而言，马克思主义认为，未来的新社会是人的社会制约性和社会与人的发展性的统一。一方面，人受到社会性的制约，表明人的客观性；另一方面，人的社会性具有属人意义，是为了人。未来社会是以每一个人全面而自由的发展为基本原则的社会形式，尽管人的发展与社会的发展是相互决定、互为条件的，然而从根本意义上说，人的全面而自由的发展是人类社会历史发展的最终目的。经济发展、政治发展、文化发展和社会发展的出发点和落脚点都是人的发展，人的发展统领各类社会发展。因此，成人教育的价值取向，不仅应该以推动社会的可持续发展为价值取向，而且应该以促进成人的全面而自由的发展为最终价值取向。具体而言，要充分开发成人的潜能，整体提高成人的素质，充分发挥成人的创造力，充分实现成人的社会价值，应该将成人全面而自由的发展作为发展成人教育的根本取向和最高价值。这就是成人教育的最终人本目的。

（二）成人教育的主体论

作为推进社会主义现代化建设的基本途径，发展成人教育应该坚持"以人为本"思想为指导，"以人为本"是发展成人教育的根本和核心。

"以人为本"包括"人是发展的根本目的"思想，"人是发展的主体和根本动力"思想，以及"发展的成果惠及人民"的思想。就"人是发展的主体和根本动力"而言，其回答了怎样发展、发展依靠谁的问题。对此，历史唯物主义和社会历史进程均表明，人民是历史的创造者，是推动社会发展的主体，是人类发展的根本力量。毫无疑问，人民群众是由每个人构成的，人民群众的作用是构成该群众的每个人合力作用的结果，每个人对这种合力都有其一分作用。

因此，"以人为本"指导成人教育发展，应当充分体现"人是主体"的思想，这是发展成人教育的根本动力。具体而言，成人教育活动，要把成人作为教育的客体，更要把成人作为教育的主体。一方面，要充分肯定成人在成人教育中的主体地位，充分发挥他们的主体性。所谓主体性，从根本上说就是人在同客体的相互作用中表现出来的能动性、创造性和自主性。自觉能动性是主体与非主体的最基本区别，选择性是能动性的重要表现；创造性是主体自觉能动性的最高表现；自主性是主体本质力量的表现和主体地位的确证，是主体发挥其能动性、创造性的前提。因此，在成人教育的过程中，要充分发挥成人的能动作用和创造作用，把握教育活动的自主性原则，即体现教育活动的自觉、自愿、自主的特点，成人能够具有学习选择权、教育参与权、自主管理权。另一方面，应当尊重成人作为主体的需要，并以这些需要为出发点，制定学习型社会的方针、制度、内容和方式。概而言之，要将成人的学习需要作为开展成人教育活动的基本依据。从这个意义上说，开展成人教育活动应反映对成人的服务性。

成人教育的主体性又充分体现了"人作为尺度"的思想，即回答成人是成人教育质量和成效评价的主体，这是衡量成人教育成效的根本标准。既然成人教育的最终价值取向是为成人实现自由而全面的发展服务的，那么就应该根据这种服务的程度和成人本身的状况判定成人教育的质量和成效。可见，成人是成人教育质量和成效的最基本评价主体。成人是成人教育的评价主体表现在三个方面：一是各级教育行政部门领导应强化"以人为本"的理念，切实把"人

是尺度"的思想贯穿于成人教育评价的全过程；二是成人教育的评价指标应有
充分反映成人的知晓度、认同度、参与度和满意度的指标要素；三是成人教育
评价组织应以各种方式努力收集成人对成人教育服务质量的反馈，以便了解和
掌握成人的知晓度、认同度、参与度和满意度，将其作为评价成人教育的最基
本依据。

　　成人教育的主体性应充分反映"人是过程"的思想。唯物辩证法表明，运
动是物质的存在方式，世间万事万物均处在不断运动变化之中；整个世界是过
程的集合体，一切事物作为过程出现，作为特殊事物的人更是作为过程而存在
和发展，人的发展则是阶段性和连续性的统一，这就要求成人教育既要把实现
成人全面而自由的发展作为最高价值追求，又要从社会主义初级阶段的实际出
发，根据现实情况努力促进成人的全面发展；同时要求成人教育活动不仅为成
人某阶段的职业生涯活动服务，而且要为成人终生发展的非职业需要服务，成
人教育活动需贯穿于成人发展的全过程、全方位，从而促进成人完整自身价值
的实现。

　　综上所述，以成人为本位，是成人教育的出发点和落脚点，成人教育的主
体性应充分体现在以下三个方面：教育为成人，教育活动依靠成人，教育活动
的成效应由成人评价。应使成人教育工作者牢记这些理念，并且将这些理念落
实于行动之中。

（三）成人教育的质量观

　　成人教育的质量问题是中国教育界关注和争论的重点问题之一。科学评价
成人教育，特别是成人高等教育质量的前提，就是要解决教育质量观问题，即
首先要更新教育质量观。

　　从哲学高度来看，质量观是指在社会中人们所遵循的一种价值准则。所谓
价值准则，即客体对主体需要的满足。教育质量观既是评价教育需遵循的价值
准则，也是客体对主体需要的满足。在这里，客体是指教育培训机构；主体
是指国家、社会、用人单位和受教育者等。教育质量的高低，即作为客体的
教育培训机构提供的教育培训产品和服务，满足作为主体的国家、社会、用
人单位和受教育者需要的程度。可见，这里讲的"需要"应是多方面的，既
有教育系统内部的需要，又有教育系统外部的需要。教育系统内部的需要又可
分为教育"达标"、学科发展和受教育者的需要。因此，教育质量观可作下列
具体分析。

1. 教育系统内部的需要

　　从满足教育系统内部的需要来看，包括"个适性质量"和"内适性质量"。
个适性质量，即教育活动产生的作用和影响对促进受教育者个人成长的程度，
即对个体发展的促进度。内适性质量，是指教育机构在遵循教育客观规律前提

下，其教育活动产生的结果以及达到教育目标规定要求、学科发展内在逻辑要求的程度，即教育目标的达成度。

2. 教育系统外部的需要

从满足教育系统外部的需要来看，主要是指"外适性质量"，即教育培训机构提供的教育培训产品和服务，适应国家、社会及用人单位需要的程度，即社会需要的适应度。

总而言之，教育质量应是个适性质量、内适性质量、外适性质量的整合统一，即个体发展促进度、教育目标达成度、社会需要适应度的辩证统一。忽视其中任何一方面的质量，均是不完整的教育质量观。

由此可见，要建立科学的教育质量评价指标体系，就应以上述的整合统一的教育质量观为依据，否则难以达到教育质量评价科学化的基本要求。教育质量评价的主体应是多元化的：一是受教育者本人，他们对个适性质量最有发言权；二是学校领导者、教育专家、教育行政部门的主管等，他们对内适性质量最有发言权；三是人才市场、用人单位等，他们对外适性质量最有发言权。总之，对任何教育质量进行价值判断，均应是上述三方面的判断意见的总和，而不能仅以教育部门和机构一方为评价主体，更不能以其意见作为唯一的依据。成人教育，特别是成人高等教育质量的评价也应如此。

二、成人教育的体系论

(一) 成人教育体系及其构成

研究成人教育体系，既是研究成人教育基本问题的重要组成部分，又是成人教育研究的特色。

1. 系统论与成人教育体系含义

(1) 系统论

随着现代科技的发展，人们对客观世界的研究已从单值的考察发展到多值的研究；从对单目标函数的考察发展到对整体结构的研究。用系统论的观点考察问题，已经日益成为现代思维的常用方法。研究成人教育体系，显然也应该运用系统论方法。

系统论是研究一切系统的模式、原理和规律的科学，是 20 世纪中叶形成和发展起来的一门具有方法论性质的综合学科，其主要创立者是美籍奥地利生物学家路德维希·冯·贝塔朗菲 (Ludwig Von Bertalanffy)，他于 1947 年发表了《一般系统论》。系统论使 20 世纪以来的科学家的思维方法发生了革命性的转变，向人们提供了一种跨越学科界限、从整体上分析和处理问题的新思维和新方法，在自然科学、社会科学等领域已得到了广泛的应用。

"系统"的概念是系统论最基本的概念，是指若干个相关要素，按一定的方式构成具有特定功能的有机整体。系统具有集合性、整体相关性、特定功能性、动态性四个特性。集合性，即系统必须由两个以上的要素组成整体，一个要素构不成系统。整体相关性，即不仅体现为整体联系的统一性——整体与部分、部分与部分、系统与环境之间整体联系的统一性，而且体现为系统整体呈现出各个组成要素所没有的新质——具有单个构成成分所不具有的整体效能。在系统论中，该特征不仅为系统的首要特征，而且是作为该理论的原理提出来的。特定功能性，即就整个系统来说，系统总是构成某种功能和作用的。换言之，作为某一系统，均有该系统的特定功能和作用。在人类社会大系统中，某一系统的构成，总是将达到某一特定目标作为目的，因此又体现为目的性的特征。动态性，即系统不仅是作为状态而存在，而且具有时间性程序的过程变化。

系统论具有重要的内容范畴，这里着重阐述系统与要素、结构与功能、过程与状态这三对范畴。

第一，系统与要素。系统处在一定相互联系中，与环境发生关系，是具有特定功能的各个组成部分构成的有机整体。要素是组成系统的各个单元、因子、部分。系统包括要素，要素是系统的组成部分，二者是整体与部分的关系。没有要素组成的系统与没有系统加以维系的要素，在自然、社会、思维领域中均是不存在的。系统使要素具有新的作用，要素使系统具有新的特征，改变系统会影响要素的功能，改变要素会影响系统的性质。这对范畴的方法论意义在于为分析和综合相统一的科学方法提供了手段。这对范畴在方法论上的意义在于启示人们分析各要素间的联系方式，整合诸要素使其形成有机的综合体，并重现系统与环境的相互影响。

第二，结构与功能。结构是系统内部诸要素的构成方式，是要素与系统之间的联系形式。功能是系统具有的作用能力、行为和功效，既反映为系统整体对其内部诸要素的作用能力、行为和功效，又反映为系统整体对外部环境的作用能力、行为和功效。结构和功能相互依存、相互作用、相互制约。结构决定功能，功能影响结构。这对范畴的方法论意义在于启示人们运用结构功能法认识和改造客观世界。

第三，过程和状态。过程是系统状态的变化，是系统动态性的一面。状态是系统特定时空下特性的度量，是系统稳定性的一面。二者之间既有区别，又是相互联系和依存的。系统的状态决定和影响着过程，系统的过程又决定和影响着状态。这对范畴在方法论上的意义在于启示人们在研究系统的状态时，应将其与研究系统的过程结合起来，有利于研究科学化。

（2）成人教育体系的基本含义

成人教育体系是指在一定的环境中，成人教育的诸要素为达到成人教育目标按一定的结构所构成的动态统一体。对这个"统一体"的理解，应把握以下五点。

一是集合性。成人教育体系是由成人教育的诸要素组成的。该体系是相互关联的诸要素的集合体，体现了成人教育体系的集合性。

二是相关性。成人教育体系是按一定的结构组成的。具体而言，该体系是由其内部诸要素按一定的结构组成一个相互联系统一的有机整体，充分体现了成人教育体系的整体相关性。

三是目的性。成人教育体系是为达到成人教育这个特定的目标而产生、存在和发展的。换言之，特定的成人教育目标是产生、存在进而发展成人教育体系的社会及心理基础，体现了成人教育体系的特定功能性，即目的性。

四是关联互动性。成人教育体系是在一定环境中的系统，具体而言，它不是孤立存在的，总是存在并受制于一定的外部环境。成人教育系统总是存在于社会系统之中，是社会系统的子系统，并与社会系统产生联系和相互作用，一方面受制于社会系统，另一方面又作用于社会系统，充分体现了成人教育系统与外部环境的关联互动性。

五是统一性。成人教育体系是一个动态的系统，总是随着其内部诸要素、要素构成方式以及外部环境的变化而变化。成人教育作为系统，不仅是作为状态存在，而且具有时间性程序的过程变化，是状态和过程的辩证统一，充分体现了成人教育体系的动静态辩证统一性。

（二）成人教育体系的基本构成

就成人教育范畴而言，成人教育体系是母系统，它有若干个子系统，每个子系统又是由其内部诸要素按照各类结构形成的。

1. 多序列的成人教育系统

（1）按教育对象划分

按教育对象的社会职业类属及其承担的职责来划分，可把成人教育体系分为以下六个子系统。

第一，职工教育子系统。从我国情况来看，举办职工教育的既有中央和地方各级经济业务部门，又有各企事业单位，并且主要是各企事业单位。无论哪一类职工教育，其基本目的都是开发本系统、本单位的人力资源。职业性是其主要的特点。

第二，干部教育子系统。干部教育子系统包括党的工作部门开办的中央和地方的各级党校、政治院校；行政管理部门开办的中央和地方各级行政院校、管理干部院校；高等院校开办的干部专修科和干部培训班；其他教育机构举办的各级各类干部教育活动；等等。该系统培训在职的各级各类管理干部及其后备力量，提高干部的政治、业务素质，为保证贯彻执行党在新时期的路线、方针、政策服务。我国的干部教育具有定向培养的特点。

第三，专业技术人员教育子系统。专业技术人员教育子系统主要是指专业技术人员高中教育阶段结束后的进修教育。我国的专业技术人员教育子系统主要由教师进修教育和科技人员进修教育组成，教师进修教育包括中央和地方各级教育学院、地县两级的教师进修学校；科技人员进修教育包括科技系统的科技人员进修院校，以及各级各类研修班、进修班等。其办学目的是培训在职的教学和科技人员，按照他们各自的不同情况，分别进行知识补新、补缺和补基础教育，提高他们的专业水平和业务能力。随着专业技术人员科学文化水平的提高，今后该系统教育的主要发展方向是大学后继续教育，其核心是智能增新和重构，主要形式是短期培训。

第四，农民教育子系统。在我国主要是指在县、乡、村三级为农民举办的各类教育，乡镇成人文化技术学校是开展农民教育的主要阵地。其办学目的是开发农村人力资源，培养农村各类应用型人才，使他们为建设社会主义新农村服务。该系统教育的特点是与"燎原""星火"和"丰收"计划的实施紧密联系在一起。

第五，城市居民教育子系统。城市居民教育子系统主要形式是社区成人教育，旨在建设和发展社区，全面提高社区成员的素质和生活质量。在我国，其主要目的还在于加强社会主义精神文明建设。该系统教育的主要特点是全民性、区域性，主要阵地是社区教育中心（学校）。

第六，军人教育子系统。在我国，军人教育子系统主要包括各级各类军事院校，以及委托地方举办的各类干部教育班。其主要目的是为部队革命化、现代化、正规化建设服务，为培养军地两用人才服务。

（2）按教育功能划分

按教育功能划分，成人教育体系可分为以下两大分系统。

第一，成人职业教育分系统，主要由以下若干个子系统组成：职业学历教育子系统、技术等级教育子系统、岗位培训子系统、职业资格证书教育子系统和职业性继续教育子系统等。上述子系统又各自由若干个教育要素构成。

第二，成人非职业教育分系统，主要由下列若干个子系统组成：成人普通学历教育子系统、成人扫盲教育子系统和成人社会（区）教育子系统（包括社会政法教育、社会文化教育和社会生活休闲教育等）等。同样，上述子系统也各自由若干个教育要素构成。

2. 多样性的成人教育结构

经济社会结构的复杂性决定了成人教育结构的多样性。一般而言，成人教育结构至少由以下次一级结构组成。

（1）层次结构

层次结构是指在成人教育体系内，各种层次教育之间的比例构成及其相互关系。以成人年龄为依据进行划分，成人教育层次结构由成人早期教育、成人中期教育（中年人教育）和成人后期教育（老年人教育）等层次组成。从成人文化程度的角度进行划分，成人教育层次结构由成人初等教育、成人中等教育、成人高等教育和成人大学后继续教育等层次组成。

（2）专业结构

专业结构是指在成人教育体系内，各种科类、专业之间的比例构成及其相互关系。一个合理的成人教育的专业结构，必定可以满足经济社会结构的要求，促进经济社会结构的发展，并且随着经济社会结构的变革和社会的人才需求发生相应的变化。例如，我国的成人中等教育在 21 世纪初开始逐渐萎缩，成人高等教育则逐年增长；专业机构从以理工科为主，转变为自然科学、社会科学和人文科学并重，财经、政法、管理等专业发展迅速。总之，全国已初步形成了一个门类齐全（包括理、工、医、农、文、史、哲、经、法、管理等科类）、比例逐步趋向合理的专业结构。

（3）形式结构

形式结构是指在成人教育体系内，各种形式教育之间的比例构成及其相互关系。按不同的方法分类，组成不同的成人教育形式结构。

第一，按教学手段分类，成人教育的形式结构，主要是指由以夜大、函授为主的各类成人学历教育，以在线教育为主的网络远程教育，以及从广播电视大学转变而来的开放教育。

第二，按教学组织形式分类，成人教育的形式结构，主要由以下成人教育构成。函授教育。顾名思义，函授教育是以"函"为教学手段的一种教学形式。换言之，它是以"函"作为媒介体，沟通教与学的联系。"函"包含函授教学计划、课堂教学大纲、教材、自学指导书、学习参考资料、作业评阅、书面答疑以及函授刊物等。函授教育一般运用于远距离成人教育之中，是一种开放式教育。我国函授教学的主要环节包括自学、面授、辅导答疑、作业、实验、实习、考试、课程设计、毕业设计及答辩（或毕业论文撰写及答辩或毕业考试）。自学考试。自学考试是我国首创的一种新型选育人才的教育形式和考试制度。一方面，自学考试是一种目标参照性考试，是新型的学历检验制度；另一方面，它还是一种以自学为基础，以社会助学为条件，以国家考试为主导的、崭新的、社会化的教育形式。作为学历检验，它具有考教分离、一次性、客观公正的特点。作为教育形式，它具有完全开放性、最大自主性和灵活性、以自学为其本质属性的特点。回归教育，也称教育回归化。回归教育旨在建立一种轮训制度，形成人"教育—工作—休闲"的循环模式，以代替传统教育的连续模式和传统的直线式生活形态，使个体学习活动在一生中因环境的改变而间断发生。开放教育。开放教育的前身为广播电视教育，以视听和自学为主，辅以函授、面授的教学形式，在 20 世纪 90 年代末，逐渐引入现代远程教育的理念，进行远距离教学的开放性教育。我国的开放教育是建立在国家开放大学全国办学体系下的，实行统筹规划、分级办学、分级管理的远距离教育模式。

第三，按教学时间进行分类，成人教育的形式结构又由全脱产成人教育、半脱产成人教育、全业余成人教育，以及自学考试等组成。

（4）地区结构

地区结构是指成人教育区域分布的比例构成。成人教育的区域分布，应与该区域经济发展的阶段和区域过程相适应，并适度超前。我国根据经济发展战略的空间布局，以及成人教育空间分布的现状，调整成人教育的地区结构，使其逐步趋于合理。

（三）成人教育体系与相关教育体系的关系

研究成人教育体系，必须研究与其相关教育体系的关系，这是成人教育学作为一门独立的现代科学的基本课题。

1. 成人教育体系与终身教育、继续教育体系的关系

终身教育是人们一生中受到的各种培养的总和，其体系包括教育系统的各个阶段、各个方面、各种形式，终身教育包含教育的一切方面，是人一生中连续的系统性教育。

继续教育（continuing education）体系，是指在完成全时正规教育以后，个体继续参与的教育，尤其是指大学或专业组织提供的教育活动系统。我国的继续教育体系，通常是指大学后的成人再教育系统，主要包括在职的专业技术人员和管理人员的两大再教育子系统。继续教育的宗旨在于使受教育者提高思想道德水准，增长新知识，增强专业能力，特别是开发潜在的创造能力，改善智能结构，从而使受教育者与科技、经济、社会协调发展。可见，继续教育是学历教育系统的延伸和发展。

综上所述，终身教育体系包含成人教育体系，但其内涵更为广泛，成人教育体系是终身教育体系中的成人阶段各种教育的总和。继续教育体系，既是终身教育体系中的成人教育阶段的最高层次部分和重要方面，又是贯穿受教育者一生的统一教育系统的高级阶段。

2. 成人教育体系与职业教育体系的关系

职业教育（vocational education），是指给予受教育者从事某种和相关职业或生产劳动所需要的技能的教育活动，是培养人们从事某种职业的专门化教育，其体系包括职前职业教育和职后职业教育两大子系统。职前职业教育主要是对未成年人的职业教育，包括对职校、技校及普通学校在校学员的就业准备教育；职后职业教育是对成年期从业人员、待业人员的职业教育，包括对他们的职业知识、技能的补充和训练，以及职业转换所需的教育。这种职后的职业教育，属于成人教育的范畴。

从职业教育和成人教育的定义和体系构成中不难看出，二者既有内在联系，又有本质属性的区别。其内在联系一则反映在职后的职业教育是二者结合部；二则相对基础教育来说，二者之间又存在许多程度不同的共同特征。当然，二者毕竟是本质属性不同的教育范畴和体系。成人教育系统的实质是终身发展教育，是个人实现人类社会最高目标发展——自由而全面发展的桥梁，使人和自然、社会保持协调统一；职业教育系统，在现阶段的实质是生计教育，是个人谋生的手段，通过职业系统教育使人和职业活动环境保持动态的平衡。另外，二者之间教育对象的社会属性和心理成熟水平不尽相同，因此二者在教育境域、具体的教育目标、教育功能、教育过程、教育内容、教学形式方法、教与学的关系等方面产生系列性的质的差异。总之，就二者的体系而言，成人教育较职业教育所占有的时间更为长远，所涉及的空间更为广阔，所包含的内涵更为丰富。

随着社会生产力水平不断提高，社会的高度发展和人的全面发展的目标不断推进，在建立和完善终身教育体系的过程中，成人职业教育和成人非职业教育融合趋势必将进一步发展，一个更高层次的综合性的成人教育体系必将显示出不可估量的作用，这是成人教育发展的历史轨迹。

3. 成人教育体系与社区教育体系的关系

社区教育（community education）体系，是指以社区为范围，以社区内的全民为对象，同社区群众的利益和社会发展的需要紧密相连，旨在建设和发展社区，消除社会问题，全面提高社区成员的素质和生活质量为目的的教育活动系统。社区教育体系形成和发展的过程，是学校教育和社会教育相结合的过程，是实现教育社会化和社会教育化为一体的过程，该教育体系，在国际社区教育协会的推动下，已在许多国家普及并逐渐成为教育的主流。

由此可见，成人教育和社区教育既有区别又有联系：其区别是，社区教育对象为社区内包括男女老少在内的全体居民，并非只以成人为对象，同时又有特定的空间限制，即在一定范围内的社区进行的教育；其联系是，社区教育体系的子系统——社区成人教育，是成人教育体系的重要组成部分，也是成人教育中的重要类型。

（四）成人教育体系的整体优化

构建成人教育体系，是一项复杂的教育系统工程。作为教育系统工程的建设，其强调的是整体效益优化。

1. 成人教育体系整体优化的必要性

整体相关性是成人教育体系的首要特征，也可认为是成人教育体系的基本原理。由此，成人教育体系的优化，实质上是该体系的整体优化。只有该体系的整体优化，才能达到成人教育体系效益最优化。换言之，整体相关性从根本上规定着成人教育体系的整体优化。

从目前成人教育体系的现状来看，必须强调整体优化。近年来，成人教育体系内部加强了横向联系和沟通，然而过去"各自为政"的现象仍存在，如各类、各种形式的成人教育之间，成人教育与相关教育之间相互分立，互不承认。这样，既挫伤了成人学习的积极性，阻碍了他们的成长和发展，又破坏了成人教育整体优化和整体效益。可见，无论从系统论的基本原理，还是从成人教育体系的实际出发，均应力求实现该体系的整体优化。

2. 成人教育体系整体优化的所需条件

（1）成人教育的社会舆论

建立成人教育体系必须具有整体优化的舆论环境，这是该体系整体优化的思想保障。因此，必须在以下方面取得共识：成人教育是个系统，成人教育系统的首要特征和原理是整体相关性，整体相关性原理从根本上规定着成人教育体系必须整体优化，只有进行成人教育体系整体优化，才能取得该体系整体效益的优化。

（2）成人教育管理体制

强化中央和地方成人教育协调和控制机构，是使成人教育体系整体优化的组织保障。国家和地方教委的职责是统管全国和本地区教育工作。各级教委成立的、由各方参加的成人教育协调委员会，可以进一步加强对成人教育整体协调和控制的力度。

（3）成人教育发展规划

制定成人教育发展规划，把体系整体优化纳入其中，是成人教育体系整体优化的计划保障。有了发展规划，就可以有目的、有步骤、有组织地实施该体系的整体优化。当然，制定成人教育发展规划，要以终身教育思想和系统论理论作为指导。

（4）成人教育工作积累

推行成人教育体系整体优化的实践经验积累，是成人教育体系整体优化工作的基础保障。因此，要寻求整体优化工作的突破口。加强横向联系，沟通多种办学形式，推动联合办学，从而促进成人教育体系整体优化，是一种行之有效的战略性措施。

3. 成人教育体系整体优化建议与思考

（1）以终身教育思想为指导

终身教育是人们在一生中所受到的各种培养的总和。终身教育的目的就是让这些教育训练的各不相同的形态和谐地协调起来。因此，终身教育的中心问题是实现教育一体化。从纵向来看，人的一生各阶段的教育应前后衔接贯通；

从横向来看，人所接受的各类教育，应左右协调结合。以终身教育思想为指导，实施成人教育体系的整体优化，就要做到以下三点。

第一，成人教育各阶段，即成人扫盲教育、成人初等教育、成人中等教育、成人高等教育、成人大学后教育之间应前后相继，上下连贯。前阶段的成人教育是后阶段成人教育的必要准备，后阶段的成人教育又是前阶段成人教育的发展结果。

第二，成人教育的各个侧面，如广播电视教育、函授教育、自学考试等，应协调发展，有机结合。各序列、各形式的成人教育之间应充分沟通，互相依存，互为补充。因此，最需要各主管机构之间和谐协调。

第三，要实现上述二者的结合。要使成人教育连续化、网络化，最终实现一体化。

（2）成人教育体系内部诸要素的优化

成人教育体系的整体相关性，是其诸要素及关系之总和。只有实现其各个分系统、子系统和要素之间的优化，才能达到成人教育体系的整体优化。因此，必须深入而细致地研究在社会主义市场经济体制下，成人教育体系内部诸要素的优化问题。

（3）成人教育体系内部诸要素之间的一体化

要使成人教育体系整体优化，所面对的问题不仅包括构成该体系诸要素的优化问题，而且包括必须使其诸要素之间一体化的问题。因此，必须遵循整体相关性原理，实现其体系内部要素与要素、要素与子系统、子系统与子系统、子系统与母系统之间整体联系的统一。

（4）与外系统之间和谐统一化

系统论原理认为，要使系统整体优化，就必须与其外系统发展整体联系统一。具体而言，成人教育体系必须与经济社会系统、教育系统之间和谐协调，成为一个有机联系的综合体。

第三节　终身教育体系及其构建分析

建立终身教育体系是社会发展的需要，由于各国情况不同，构建终身教育体系将面临不同难题，因此，积极探索我国终身教育体系构建路径具有重要的理论现实意义。顺应跨越式发展需要，我国确定了实现教育现代化、形成学习型社会的教育改革发展战略目标。推动该战略目标实现需要变革传统教育制度，构建一体化教育学习体系，为社会经济发展提供基础动力。

我国终身教育体系建构中存在对终身教育体系内涵等认识不清、教育经费投入不足、教育资源配置不够科学合理等问题，为此，应积极探索我国终身教育体系构建的科学道路，促进学习型社会的形成。

终身教育体系是由不同类型的教育方式构成的体系，体系内部各教育模式保持紧密联系，为构建终身学习型社会提供环境支持。终身教育体系以提供终身学习机会为目标，包括正规学校教育与非正规教育类型，建立教育体系的目的是让成人学习者享受各种学习机会，为成人学习者提供公平的受教育机会。

终身教育体系是以满足人民的精神需求为目的，不受年龄限制，超越一定规范的教育体系，具有形式多样性、教育目标价值的个体性等特点。终身教育体系是一种全新的教育形态，构成体系的基本要素有：教育对象层面，包括学前幼儿教育、以成年人为对象的成人教育等；教育组织形式层面，包括学校与社区教育等各种教育组织形式；教育方式层面，包括自我教育、非面授教育等形式；教育性质层面，包括正规与非正规教育类型。

终身教育体系的构建，需要明确发展目标任务，选好实现路径；需要重点健全终身教育管理体制，以终身学习理念改革学校教育，建设终身学习公共服务平台；需要大力发展各种社会教育，完善终身教育政策、法规和保障等措施。

一、健全终身教育管理体制

目前，我国已成立跨部门的终身教育促进委员会，需要发挥政府部门、企业与学习者个人等各方面的积极性，形成部门分工负责、典型示范带动、社会积极参与的终身教育发展格局，才能向社会提供教育服务。

首先，克服目标引领。紧密结合地区发展需求，进行分类指导，基本形成终身教育体系，将终身教育作为推动建设文化教育强国战略的举措，并将其纳入区域发展规划，纳入综合目标管理考核。

其次，加强宏观管理。通过制定相关政策措施，引导支持终身教育的发展，健全终身教育委员会，发挥其统筹协调的职能，充分发挥专家在科学管理中的智慧作用，建立分工协作的工作制度，有效实施相关政策措施，推进工作开展。健全公共教育服务体系，实现教育公共服务均等化。终身教育是政府社会的共同行为，应积极引导各类学校发挥优势，鼓励支持企业承担对员工进行教育培训的责任，发展各种形式的民办教育培训，建立健全学习者个人学习成果认证评价制度，使学习成为人们精神的追求。

二、以终身学习理念改革教育

终身学习观念理念下的学校的教育目标是增进学习者对变迁的知觉，适应学校教育目的的改变，对学校教育思想内容等进行改革。通过重建学校功能、改革课程内容等措施改革学校教育。

重建学校功能则是要通过教育变革培养学员的终身提高素质基础，教育变革的重点在于价值取向转向以个人发展能力提高为主，教育行为面向学员个体自主自觉学习，服务范围转向学校内部、社区及教育系统等多维服务，文化形态转向校本文化构建。终身教育的实施依赖学校课程，对此应减少强调学校课程对知识的传递，将学校课程的重点放在原创性上，培养学员终身学习的能力和习惯。注重学校课程统一调整，满足不同个体的校内外学习需要。打破学校课程学术与休闲、年龄的界限，从历史与当代方面为学员提供生活视野。

三、创新继续教育的制度

发展继续教育是构建终身教育体系的重要任务，是建设人才强国战略的关键因素。通过创新继续教育制度，可为社会成员提供多次选择的机会，需要大幅度提高继续教育的参与率，改革继续教育培养模式，搭建终身学习的桥梁。

确立继续教育在终身教育体系法律上的地位，制定从业者参加继续教育的规定，强化各类从业人员继续教育条件保障，发挥学校、社会各部门在继续教育中的功能作用。坚持以社会与学习者需求为导向，加强继续教育内容方法的针对性和灵活性，加强对人才培养模式改革的参与度，扩大优质教育资源共享服务范围。实行开放灵活的招生制度，建立学习者终身教育档案，完善晋升高层教育阶段的制度。

四、构建终身学习公共服务平台

满足低成本学习者的学习需求，为社会成员提供灵活方便的学习资源获取方式。通过建设开放大学，为学习者提供丰富多样的学习资源，实现终身学习服务平台的建设。秉承"以人为本，服务社会"的理念，建设集学历教育及公共支持服务为一体的开放大学，开放大学实行自主招生及弹性学习年限，构建人人学习的环境。

以服务社会成员的终身学习需求为宗旨，整合拓展现有的网络技术平台，依托办学系统，分级构建集远程教学与学习服务为一体的全民终身学习平台。引导教育机构主动融入，为学习者在线上线下远程教育与校园教育结合的混合式学习提供服务，使优质教育资源在更大范围内惠及更多学习者。

第四节　终身教育时代成人教育的发展

我国始终倡导终身教育的发展理念，终身教育已经成为成人自身发展的重要教育模式，受到社会各界的广泛关注。在终身教育时代，成人教育的发展措施具体如下。

一、提高成人思想认知水平

虽然在整个社会中终身学习的思想已经非常深入，但是在实际的学习过程中，能够真正做到终身学习的人很少，成人教育也是一样，加之成人面临生活压力以及在学习时可以付出的精力有限，所以其教学效果并不理想。当前很多人抱着提升学历的目的接受成人教育，而不是以提升技能或者增长专业知识为目的，这不利于成人教育和终身教育的发展。对此，需要让人们转变思想，在全社会形成合理、科学的学习观念，这主要包括两个方面。一方面，成人教育的方式灵活多样，人们可以根据个人需求，对成人教育的学习内容、学习方式进行选择，可以是知识性拓展，也可以是专业技能的学习；可以是实地上课，也可以是网络学习。另一方面，人们需要在成人教育中树立正确的学习观念，不能降低对自己的教育要求，在接受教育的过程中制订明确的学习计划，不断促进个人发展、提升自身能力。

二、不断完善成人学习网络

成人教育发展有利于终身教育的发展，而终身教育则贯穿于人的一生。在社会中不能只注重高等教育和职业教育发展，而应当建立相应的成人教育网络，让一个人在走出学校后依旧可以接受教育，不断促进自身发展。所以，在整个社会中建立起相应的教育网络势在必行，使相关企事业单位成为成人教育的一个节点，在单位内部建立相应的教育培训制度，在促进单位人员能力发展的同时，为整个终身教育和成人教育事业奠定基础。

三、建立健全成人教育制度

要想促进成人教育事业的发展，建立成人教育制度是重要的保障性措施。在与普通全日制教育的比较过程中，成人教育缺乏相应的激励性和监管性措施，导致成人教育中相关机构质量参差不齐。因此，应当建立行之有效的成人教育制度，让成人教育重新获得人们的认识，构建相应的成人教育保障机制，为积极参与成人教育的人提供相应的教育保障，从监管和激励两方面切实推进成人教育的发展。

在社会发展的背景下，教育不只依靠学员自身，很多人即使在从学校毕业后，也需要不断丰富个人的知识储备能力，只有不断提升个人的知识容量和技能容量，才能够提升个人水平，实现长远发展。在现在的成人教育中还存在着诸多问题，需要从改变学习观念、建立制度保障和借鉴成熟经验等方面进行改变，从而实现成人教育的不断发展。

■ 第二章　成人教育类别管理与模式创新

第一节　成人函授教育与远程教育管理

一、成人函授教育管理

函授教育是成人教育中正规化、标准化程度最高的教育形式，是目前我国成人学历教育的主体，为经济社会发展培养了大量人才，但随着社会信息化程度的日益提高，其局限性也逐渐显露，因此，当下的函授教育正面临着严峻的挑战和转型的契机。函授教育只有在管理上推进改革与创新，才能突破自身存在的局限，才能更好地发挥其在成人教育中不可替代的作用。

函授教育信息传递的主要媒介是文字，采用了以"函"为主的教学手段，故此得名。函授教育是以函授为主，辅以其他教学手段，通过有组织、有计划、有目的、有指导的自我教育活动来实现教育目的的一种成人教育形式。函授教育历经沧桑，但其始终不变的本质特征是"以函为主""以自我教育为主""以成人为主""以业余为主"，这些特征使其较好地突破了课堂教学的框架，能在较为广阔的空间中和较为灵活的时间内进行教学，显示出生源广泛、形式灵活、效益较高等优点。

我国的函授教育，按照采用的教育手段，分为只采用函授一种手段的单纯式和采用以函授为主、辅以其他教学手段的综合式两种。从对自我教育活动的控制程度上划分，包括无控式和有控式两种。无控式是国家不承认学历的、民间举办的函授教育。典型的有控式是指各类院校举办的函授教育，有严格的入学考试，有自学、面授、作业、指导、辅导、考试、考核等比较完善的教学环节，毕业考试合格者颁发国家承认学历的毕业证书，是一种正规教育，也是我国函授教育中最典型的教育形式。

函授辅导站（以下简称函授站）是举办函授教育的高等学校根据教学任务，与学员所在单位的业务主管部门或地方教育行政部门相互配合建立的对函授生进行教学辅导、思想政治教育和行政管理的机构。函授站在行政上接受设站单位的领导，业务上接受举办学校的领导。

加强成人函授教育管理的方式如下。

（一）提高师资和管理队伍的专业性

教师是提高教育质量的坚实保障，函授管理应着力加强对任课教师的管理。首先，要完善教师的聘任、退出制度。函授教师的聘任要从普通高等教育和生产一线的高水平、高技术人员中选择有责任感和敬业精神的教师，并就聘任条件、教学职责、聘用期限等签订协议。同时，对教学效果不佳者要建立退出机制，按照有关规定和程序不再续聘。其次，建立课程联络员制度。每门课程要指定一名在业务上有丰富经验和较高权威的负责人担任联络员，就教学计划、备课内容、考试考核等对该门课程的任课教师进行管理和指导。再次，处理好普通高等教育教师与函授教育教师、函授教育专职教师与兼职教师之间的关系，配备一定比例的专职教师、双师型教师和校外兼职教师。最后，加强函授教师的培训。定期举办函授教育学习班和函授教师经验交流会，培养函授教师对函授教育和函授学员的深厚情感，使其充分认识函授教育的特殊性，掌握与函授教育需求相适应的知识、技能，总结有针对性的好方法和好经验，树立优秀函授教师典型，发挥其辐射带动作用。

在函授教育管理队伍的建设问题上，要选拔和培养一支热心函授教育事业、安心函授教育工作、精通函授教育业务的函授教育管理队伍，通过岗位培训、赴外进修、参加会议等措施，促使他们积极开拓函授教育的办学空间，不断探索函授教育的办学规律，着力加强函授教育的教学管理和教务管理。同时要鼓励他们在实践中与时俱进，不断提高创新能力，勇于改进函授教育管理工作的不足，提高管理的专业性和科学性。另外，主管部门也要协调处理好校内函授教育管理者与校外函授教育管理者之间的关系，加强对所有函授教育管理者的日常管理，通过以岗定编、依岗考核的办法，建立健全各种竞争机制和约束机制，不断提高函授教育管理人员工作的积极性和自律性。

（二）凸显教学管理的成人性

教学管理是函授教育管理的关键环节，是函授教育质量的基础保证。函授教育教学管理的各个环节都要消除普教化倾向，体现函授教育的成人性特征，彰显函授教育的自身特色。其中，专业设置要认真开展社会需求调查，要与社会发展需要相适应；教学计划（包括课堂教学计划和实践教学计划）、教学大纲（包括课堂教学大纲和实践教学大纲）的制定要突出成人学习的实践性和操作性，并使实践教学在所有教学活动中占有相当的比例；人才培养方案的设计要适应成人教学的特点，要有利于知识、能力和素质的协调发展，有利于科学素养、人文素养、实践能力和创新能力的培养，有利于函授学员毕业后的继续发展；教学内容的选择和课程体系的构建要与函授学员的已有知识和人生经验相衔接、相沟通、相配套，并保证其实用性、针对性和动态性；教材的选用要切实适应成人学习的需要，优先选用那些区别于普通高等教育并突出函授教育特点的高水平教材，同时要重视自编教材建设；人才培养模式的改革要以解决问题为中心，而不是以授受系统理论为中心，要依据函授学员的生产、生活实际灵活安排教学，要帮助他们解决现实生活和工作中遇到的具体问题，应促进其工学相长，而不是激化其工学矛盾；教学方式方法的改革要更多地运用案例式、经验式、讨论式、转换式、自我导向式以及叙事性、情境性和非连续性等教学策略，让函授学员真正进入教学和课程中，将他们的主体作用与教师的辅导作用有机整合，最大限度地调动其学习的自主性、能动性和创造性；教学手段的改革要充分利用各种现代信息技术，为满足成人学习的需要提供各种方便，但同时也要认识到现代化教学手段的局限性，并注意发挥传统面授教学的独特优势。另外，要大力开展品牌专业和特色课程建设，建立丰富、完善的函授教育课程资源库，并且建立健全统一管理、资源共享、有偿使用的运作机制。

（三）加强教务管理的服务性

管理就是服务，函授教育教务管理最主要的职能就是为函授学员的学习提供相关服务。因此，函授教育教务管理的改革要以提高自身的服务性为突破口，注意倾听学员的意见，深入了解学员的需求，切实解决学员的困难，并做到权为学员所用，情为学员所系，利为学员所谋，深怀爱学员之心，恪守为学员之责，多办利学员之事。具体而言，应充分尊重函授学员的自主选择，以有利于函授学员解决现实问题为出发点和落脚点。实行柔性化、弹性化及人性化管理，为函授学员提供适当超前的引领式服务；同时，应创造条件让函授学员有机会进入所属主办高校，接受校园文化的熏陶，体现对函授学员的人文关怀。开展弹性学制和学分制改革的试点工作，在入学时间、学习年限、专业调换、学习地点乃至所属高校的变动等方面，可采取一些灵活、机动的措施。改革对函授学员学业成绩的考核方式，将函授学员的学习纳入其所在工作单位的考核范围，以更好地解决其工学矛盾，提高其到课率。设计开发完善的函授教育教务管理服务信息系统，充分利用现代信息技术的便捷优势，强化教务管理对函授学员的学习支持服务功能。

（四）强化教育质量监管的有效性

人才培养质量是推动函授教育持续发展的生命线。随着市场经济的深入发展，社会用人机制和评价体系也从过去单纯重视"学历"向重视"能力"过渡。培养出适应社会发展的高素质人才，提高函授教育的社会声誉和影响力是解决函授教育困境的根本之策，这主要包括八个方面。要加大改革力度，将规范办学行为、提高教学质量作为当前函授教育改革和发展的第一要务。对那些办学条件和办学质量不合格的主办高校及其函授站和教学点要坚决实行"关、停、并、转"方针，整顿函授教育市场和环境。要处理好函授教育与普通教育、函授教育与开放教育、函授教育与职业教育之间的关系，在学校的整体制度体系中应给予函授教育以明确定位和发展空间。要处理好规模与质量，尤其是大规模与高质量之间的关系，并坚持教育效益和社会效益优先的原则。确立高校办学主体性，发挥站点补助功能，并加强对站点有关人员的培训和教育。严格规范教学组织和实施，将面授、自学、辅导、答疑、作业、毕业论文（设计）、实验和实践等所有教学环节都落到实处。加强考试管理，实行统一命题，统一试卷，统一考试，统一阅卷，统一保管，并建立健全具有相当容量的试题库。着手制定函授教育质量标准，建立科学合理、系统完善、分类指导的函授教育质量保障和质量监控体系。充分发挥市场对函授教育质量的调节作用，利用社会用人单位和中介机构对不同高校函授教育质量进行客观评价，监督和引导函授教育的办学行为。

二、成人远程教育管理

远程教育是以师生异地、时空分离为基本特征的一种新型教育形式。随着现代通信技术、计算机技术、多媒体技术和网络技术的日新月异，远程教育得到了前所未有的快速发展。远程教育秉承了终身教育的理念，并将在创建学习型社会中显现出传统教育所不能比拟的独特优势。

（一）远程教育的发展过程

我国自古以来就有远程教育思想和远程教育现象。孔子的"有教无类"、墨家的"巨子相传"、孟子的"私淑艾"等都蕴含着丰富的远程教育思想。春秋战国时期的诸子百家"周游列国巡回讲学"、两汉时期的"著录弟子"，以及我国私学中常用的"转相传授"都是具有"教""学"分离、"师""生"异地等远程教育特征的教育实践活动。从世界范围看，近代意义上的远程教育始于19世纪中叶在英国最先兴起的函授教育。

远程教育的发展与信息技术的进步及其在教育领域的应用息息相关。自函授教育诞生以来到现在，远程教育经历了以下三个发展时代。

第一代远程教育是基于印刷媒体的函授教育，以印刷的课程材料为主要的学习资源，以邮政传递相关学习材料为重要的通信手段。1840年，英国的伊萨克·皮特曼（Isaac Pitman）首先应用函授方式教授速记，被世界教育界公认为函授教育的创始人。1849年，伦敦大学首创校外学位制度，标志着世界远程高等教育诞生。1938年，国际函授教育理事会成立，标志着远程教育的第一个阶段——函授教育阶段正式形成。尽管函授教育以信息单向传播为主，信息传输速度较慢，但它的出现缓解了传统教育与大规模人才需求之间的矛盾。

第二代远程教育是基于视听媒体的广播电视教育。进入20世纪后，随着电子信息技术、视听技术和大众媒体的大规模发展，视听教育在成人教育和学科教育中得到了广泛的应用。1969年，英国政府颁发皇家特许状创办英国开放大学并准予其颁发学位。英国开放大学是一所将广播与电视、函授与暑期学校相结合的成人高等教育机构，它的建立标志着第二代远程教育的开始。20世纪70年代以后，在英国开放大学创新精神的鼓舞下，世界各国纷纷掀起了兴办远程教育的热潮。受此影响，我国于1978年批准成立了中央广播电视大学。这一阶段远程教育开始进入大规模的发展阶段。

第三代远程教育是基于现代电子信息技术和多媒体通信技术的网络教育，又被称为现代远程教育。进入21世纪，现代远程教育集面授、广播、电视、计算机网络教育的优势于一身，融文本、音频、视频、动画等多种媒体形式于一体，双向交互性显著增强。伴随着信息技术的快速发展，现代远程教育的规模急剧扩大，一批巨型大学和虚拟大学应运而生，全球化的趋势也日渐突显。

（二）远程教育的推行动力

1. 知识经济和信息社会对人才的需求——原动力

目前，在知识经济和信息化时代的背景下，社会经济、科技、教育的全球化趋势不断加剧，社会对人才的需求无论是在数量、类型还是在层次、规格上都提出了新的要求，尤其是对创新人才的需求急剧增加，促使现代远程教育吸收各种新的教育理念，运用各种媒体、技术、方法和手段，发挥自身的最大优势，来满足新形势下人才的大量需求。这成为现代远程教育发展的原动力。

2. 先进信息技术的普及——物质基础动力

现代远程教育是基于多媒体和网络的教育形式。先进的计算机技术、电子通信技术以及以人工智能和虚拟技术为代表的综合技术的发展为现代远程教育发展提供了强有力的技术支持，而卫星双向网、互联网、数字电视网和移动通信网的"四网"融合以及电脑屏、电视屏、手机屏和虚拟屏的"四屏"终端的普及，为现代远程教育的开展提供了必要的物质基础。

3. 当代教育（学习）思想和理念——思想动力

伴随着信息社会和知识经济的到来，全民教育、终身教育、终身学习、学习型社会的思想日益深入人心，尤其是"任何人、任何时间、任何地点、从任何章节开始任何课程的学习"的开放教育（学习）理念，不但激起了人们的学习意愿，而且为现代远程教育向前发展提供了思想动力。

4. 各国政府的支持和参与——政治动力

现代远程教育的发展不仅仅是教育问题，更是社会问题，它关乎社会政治、经济、科技、文化的发展。多国政府将发展现代远程教育上升到开发人力资源、提升公民素质的国家战略层面，出台相关法律、法规和各种鼓励政策，并给予其资金支持。在政府部门的鼓励下，学校、其他教育机构以及各种商业集团纷纷参与到现代远程教育的发展和建设中来。这为现代远程教育的发展提供了不竭的政治动力。

5. 现代远程教育国际组织——助推力

随着全球化程度的不断深入，现代远程教育已成为一种国际现象。在现代远程教育改革、创新和发展过程中，随着教育教学、人员培训等各个领域的交流与合作不断开展，地区性、全球性的教育组织不断建立，如国际远程开放教育理事会、亚洲开放大学协会、开放学习联盟等都是较有影响力的国际远程教育组织。联合国教科文组织及其在世界各地区的办事处连同以上组织，为助推世界现代远程教育的发展做出了很大贡献。

（三）远程教育的主要特性

现代远程教育除具有远程教育的一般特征外，它还具有以下特性。

1. 开放性

现代远程教育比第一代、第二代远程教育具有更强的开放性，只要有学习愿望的人都可以参与其中，只要有需要学习的内容都可以针对其组织教学活动，学习内容、学习方法和学习观念可以在更加开放的平台上进行交流与共享。

2. 技术性

现代远程教育对先进的科学技术和信息技术具有先天的敏感性，能够及时将最先进的技术为其所用。现代远程教育的技术性具体表现在网络化、数字化和智能化等方面。

3. 共享性

现代远程教育借助先进的信息技术，实现教育（学习）资源最大程度的共享。例如，麻省理工学院、哈佛大学、耶鲁大学等国际一流大学将其优秀的网络课程资源向全世界学习者免费开放。

4. 灵活性

现代远程教育的教学组织形式灵活多样，学习者可以通过面授、函授、自学、协作学习、虚拟现实界面学习等多种方式进行学习，还可以通过电话、短信、网络等各种手段获得学习支持服务。

5. 交互性

现代远程教育通过先进的技术手段实现了教师与学习者、学习者与学习者之间实时的和非实时的、面对面的和非面对面的双向交互，有效解决了"远距离教学"与"零距离交流"之间的矛盾。

（四）成人远程教育管理对策

1. 加强远程教育立法的研究

远程教育立法不仅能够明确远程教育的目标定位及运行体制机制，还能够确立远程教育在终身教育体系中的地位，确保政府部门对其发展的支持与投入保障力度，同时可以保护办学主体、远程教育工作者和学习者的权益。因此，应着力加强远程教育立法研究，解决当前我国远程教育落后于社会发展需要的现实问题。远程教育法律法规应以我国的《中华人民共和国宪法》《中华人民共和国教育法》《中华人民共和国职业教育法》《中华人民共和国高等教育法》等已有的相关法律为基础和依据；远程教育立法研究应立足于我国的基本国情和我国远程教育的基本特征，确保相关法律法规的科学性、实用性和有效性；应研究和借鉴其他国家远程教育立法的成功经验，为我国远程教育立法寻找突破口；在宣传方式、宣传途径和宣传力度方面加强研究，以增强人们的教育法治观念和意识，为远程教育法律制度建设提供思想和舆论基础。

2. 创建终身教育的服务体系

近年来，远程教育在行业培训和大型活动志愿者培训中展现了其非学历教育的巨大作用和无限活力，远程教育又是终身教育的重要组成部分，因此，远程教育应跳出学历教育的限制，在开展学历和学位教育的同时，大力发展远程非学历教育。例如，面向所有社会成员开展各类培训，为在职人员提供行业培训和职业教育培训，为促进个人自由和全面发展提供非学历的教育服务；借助信息技术方面的独特优势，向欠发达地区输送优质的教育教学资源，提高全民的整体素质；为老年人、残疾人等弱势群体提供终身教育培训项目等。同时，应构建终身教育和终身学习网络平台，研究建设终身教育学分银行，促进学历教育和非学历教育的相互沟通，推行不同学习结果之间的学分互认，最终形成终身教育服务体系。

3. 促进网络教育资源共建共享

网络教育资源是远程教育的核心，也是提高教育质量的关键。网络教育资源的共建共享，一方面可以节约资源和开发资金，优化教育资源开发人员团队；另一方面能够提高我国网络教育资源的质量，提高我国远程教育的整体实力和国际竞争力。因此，应树立教育资源共享的大教育观，在政府的主导下，建立和完善网络教育资源合作开发和共享机制，调动学校、信息技术部门、企业和社区等各个方面参与网络教育资源建设的积极性，进一步丰富网络教育资源的种类和数量，研究制定网络教育技术标准，创建新媒体教育资源建设规范，使其兼容现有的各类网络教育资源，使各方的教育资源都能上传，努力实现网络教育资源最大限度上的共享。与此同时，还应加强国际交流与合作，引进国外先进的教育教学资源，并推动我国优秀教育资源的国际输出。[①]

---

① 柳士彬，朱涛. 现代成人教育管理［M］. 北京：中国人民大学出版社，2014：214-226.

4. 加强完善学习支持服务系统

建立完善的学习支持服务系统。转变观念，以学习者为中心和出发点，帮助学习者养成独立学习的习惯，提高其学习自制能力，最终使其成为真正的终身学习者；建设人性化的网络支持服务系统，通过网络实现实时的与非实时的双向交流、交互，提供虚拟图书馆服务、电子考试服务和在线咨询服务，帮助学习者真正解决因时空分离而遇到的学习困难；加强"天网、地网、人网"三网服务，充分利用电话、手机、广播、电视、互联网、期刊、报纸、邮政快递等各种媒体手段，增加学习支持服务的人力、物力和资金投入，从而为远程学习者提供全方位的学习支持服务；为学习者提供良好的社会支持服务环境，鼓励各级各类学校、社区、企业乃至全社会参与建设公共学习支持服务体系，创建适合终身学习的学习型社会。

5. 强化远程教育教师队伍建设

远程教育以学习者的自主学习为主，但这并不意味着远程教育教师职责的削弱和降低。与传统学校教育相比，现代远程教育对教师的要求更严、标准更高。远程教育教师要突破传统学校教育的框架，熟悉远程教育业务，热爱远程教育事业，依据远程教育的特点和规律，设计适宜学习者自主学习的教育模式，实施有助于学习者自治和自控的教育过程，并在相关课程的学习过程中担任主持人、协调者、指导者、管理者和服务者的角色。在法律法规、政策导向、社会舆论、评优获奖、福利待遇等方面，适当向远程教育教师倾斜，切实提高远程教育教师的社会地位；在传统学校教育师资管理的基础上，改革、创新远程教育师资管理体制机制，创建与远程教育相适应的、相对独立的评价制度和考核体系，充分调动远程教育教师尤其是专职教师的工作积极性；完善远程教育教师的职业发展规划，通过集中培训、校本研究、实地参观、远程研讨、访学进修、国际合作等多种方式，对从事远程教育教学、辅导和咨询的教师实施全员、全面和全程培训，以建设一支既精通所属专业又深谙远程教育的复合型教师队伍。

第二节　成人行业培训与企业内训管理

一、成人行业培训管理

培训是行业人力资源管理的重要组成部分，是提高行业生产力、竞争力和战斗力的有效手段。各行业培训近年来在我国呈快速发展的势头，投资不断增加，并且日益制度化和专业化。但是，由于行业对人力资源培训的认识不足，即使投入培训的人力、物力和财力在增长，但培训的效果却不理想，甚至是无效的培训，并没有达到通过培训提高员工素质而进一步增强行业竞争力、战斗力的目标。为确保员工培训达到需要的效果，现提出以下应对策略。

（一）做好需求分析，制订可行的培训计划

培训需求分析是行业人力资源培训的起点，对人力资源培训具有至关重要的作用。如果培训需求分析工作不到位，或者培训需求分析工作结果与客观事实有差距，那么培训的后续工作就会偏离培训的初衷，因此，要从战略高度出发，做好需求分析工作。

可从三个方面做好培训需求分析：对行业整体的人力资源培训的需求进行分析；对行业中的部门职能和职位进行培训需求分析；对员工个体的培训需求进行分析。具体可以通过工作分析法、调查分析法等方法，分析行业整体培训需求以及不同部门或职位的特定培训需求，然后制订出切实可行且针对性强的培训计划。

（二）选择多种培训方式，增强培训效果

选择怎样的培训方法对取得预期的培训效果起着关键作用。培训方法要根据工作任务和受训者的岗位特征来选择，并与培训目的、课程内容相适应。选择培训方式要充分考虑培训对象的特点，创造良好的培训环境，使培训对象容易接受和理解知识，提高技能或转变观念。要灵活运用课堂培训、角色扮演、案例分析、知识竞赛、技术比武、岗位练兵、网络培训等方式，还要勇于创造新的培训方式。例如，可增加行业内部不同单位之间的专业技术交流，使行业内部相同专业的技术人员可以交流自己的工作经验和研究成果，实现行业内部专业技术信息的共享，从而增强培训的效果，提高培训的效率。

在培训方式的创新上，要根据被培训者的不同层次，采取不同的培训方式。例如，对于基层员工，培训方式应更多注重培训的互动性、实用性及连贯性，让其在接受培训的过程中，不断有实践的机会，以增强受训者对培训内容的理解和掌握；而对于中高层次的管理人员和技术人员的培训，则应注重培训方式的灵活性与挑战性，从而增强受训者团队协作能力、概念形成能力。

（三）解决根本问题，加强制度建设

要从根本上解决培训存在的问题，增强培训效果，必须加强培训制度的建设，这主要包括以下五个方面。

第一，建立需求分析制度。建立需求分析制度应充分考虑行业的组织结构及战略目标、行业文化、管理者对员工工作绩效的要求、顾客的需求以及员工的自我评价等方面的内容。

第二，建立行业认证制度。为了规范培训市场，保障培训质量，可推行培训机构的行业认证制度。为此，国家成立认证认可监督管理委员会，制定明确的行业标准和服务质量要求，并委托专业评估机构进行具体实施，以确保行业准入的客观、公正性。

第三，建立登记备案制度。将参训员工的学习情况如实登记到培训证书上，记录相应的学分及学习成绩，并在管理信息系统进行统一备案管理。

第四，建立培训激励制度。为了使培训工作健康持久地发展，起到充分调动广大员工积极性的作用，必须建立培训激励制度，把培训是否合格与晋升、待遇、评优等有机结合起来。例如，将培训考核成绩纳入岗位责任制度，与职工的奖金挂钩；实行岗位津贴制度，鼓励广大员工钻研业务和技术，形成一种互相学习的风气；对培训成绩突出者给予奖励；等等。

第五，建立培训考核与评估相关制度。建立培训考核与评估相关制度是做好培训工作的必要手段。因地制宜地制订培训实施方案，确定培训目标和推进措施，将考核评估与绩效管理有机结合，在培训的各个环节建立标准化的培训监测和评估指标，在培训结束后进行严格的考试、考核和回访，掌握参训情况，评估培训效果。

（四）充分利用各方力量，做到优势互补

企业可以借助高校的学术力量和师资力量，提高行业培训的层次和规格；充分利用劳动部门的培训网络，积极沟通、引导培训机构制订真正符合行业需求的人才培养规划；将行业协会的专业优势和其他培训机构的教育优势进行整合，做到共享、共建，增强培训效果。

二、成人企业内训管理

企业内训管理是企业开展的人力资源开发与管理活动，也是成人教育管理的重要内容，成人企业内训管理需做到以下五个方面。

（一）重视企业内训建立学习组织

知识经济时代的企业竞争主要依靠人力资源，人力资源已经成为一切经济资源中最重要的资源。我国企业要把企业内训放在企业的中心位置上，抓好人力资源的开发与管理，努力创建学习型组织。一些大型企业进行内训已经不仅仅是为了提高企业竞争力、获得利润，而是把企业内训看作建立学习型组织、实现终身教育的有力手段，如雀巢、联合利华等公司，都把内训放在比薪资更重要的位置介绍给新员工，把员工个人在企业里能够获得的内训机会作为吸引人才、留住人才的优势。

（二）适当增加内训经费投入

目前，经费投入不足成为制约我国企业员工内训的重要因素。除企业规模小及财力有限、整个社会缺少职业教育氛围外，主要原因在于企业领导没有把人力资源作为企业长期发展的最重要资源，没有充分认识到企业内训的重要意义。因此，只有企业领导转变思想，企业内训经费的增加才可能获得突破性进展。另外，企业在条件允许的情况下，应考虑多渠道筹措内训经费。

（三）利用电子学习内训工具

计算机网络技术的飞速发展和普及，为企业内训提供了新的手段，也给企业内训带来了前所未有的机遇。电子学习（e-learning）内训方式是随着互联网技术的发展而兴起的，它以多媒体计算机和互联网技术为实现手段，凭借工作站、局域网或互联网提供的交互式环境，不需要面授就能达到内训目的。对于一般企业而言，利用该内训方式的典型做法是构建本公司的综合网络学习平台。综合网络学习平台能在一定程度上满足全体员工随时随地进行学习的需求，还可以降低内训成本，提高内训效率。它不但具有集合课程资源的基本功能，还可对其进行扩展，并且兼具管理员工学习、管理内训师资、传播企业信息与文化等功能。当今，建立综合网络学习平台已非难事，各大科技教育公司和著名高校均具有这样的开发能力，能够满足不同规模、不同层次的企业的需要，而且其投资经费也均在一般企业财力的可承受范围之内。

（四）加强自我培养与引进师资相结合

企业提高内训师资的水平应该走加强自我培养与从外部引进相结合的道路，这是因为内部内训师和外部内训师各具所长又各有所短。提高内部内训师素质，首先要做好内部内训师的遴选工作，要重点考察内训师的师风师德以及其专业知识和教学技能；其次要做好内部内训师的再内训工作，尤其是在教学技能方面要进行轮训，成熟的课程模式主要包括 TTT（training the trainer to train）内训课程等。引进外部内训师是提升本企业内训师资整体水平的重要手段，其主要途径包括引进国内顶级高校的内训师资、同行企业的内训师资、专门内训机构的内训师资等。

（五）完善内训的体系与程序

完善内训体系，要根据企业类型、规模、发展成熟度等建立相应的企业大学、内训中心或内训办公室等；要在人员配备、经费投入、课程与教材设计、设施建设以及运行机制构建等方面不断进行制度化、规范化的改革。其中，内训制度建设是一个重要方面，具体应该包括内训服务、入职内训、内训激励、内训考核评估、内训奖惩、内训风险管理这六种基本制度。

科学落实内训程序主要包括科学分析内训需求和切实落实内训评估两方面。进行内训需求分析需从战略层次分析、组织层次分析和员工个人层次分析三方面着手，综合考虑多方面的需求；进行内训需求分析要采取恰当的调查方法，面谈法、问卷调查法、工作任务分析法等各有长短，要根据内训类别、员工数量等不同情况进行选择；进行内训需求分析还需周密安排实施程序，如要特别关注受训员工工作中存在的问题、参加内训的真实想法和期望等。切实落实内训评估需要做好以下工作：合理选择评估项目，在时间和资源有限的约束条件下，只需对一些重点内训项目进行评估即可，没有必要对所有的内训项目都进行评估；加强内训过程监控，如内训对象与内容的匹配程度、内训项目的进度等；全面落实效果评估，通常是根据唐纳德·柯克帕特里克（Donald Kirkpatrick）提出的四层次评估模型——反应层、学习层、行为层和结果层分别进行评估，及时调整内训项目并向相关人员反映内训信息。

第三节　学习社会与社区成人教育管理

学习社会是一种新兴的社会思潮和教育理念，"学习社会"概念的提出原是针对成人教育制度的局限性而言的，后经联合国教科文组织的倡导，在各个国家开始传播发展。它不仅改变了整个国际社会的教育观念，而且丰富和展示了终身教育、终身学习的时代内涵，通过各国的成人教育实践冲击，改变着现存的教育体系。社区是表达区域性社会的外来词，当我国将社区的概念引入社会行政管理之后，社区建设、社会经济发展与人们的生活联系越来越密切，而教育领域在终身教育理念和学习社会思潮的影响下，兴起了社区教育的热潮。社区成人教育作为社区教育的主体部分，不仅在社区发展和社区居民素质提高方面扮演着重要角色，而且体现了现代成人教育的发展趋势，改变了传统的成人学校教育的模式。探讨学习社会及社区成人教育的问题，需要对现有的社会教育理念和制度进行分析，从未来社会和社区成人学习者的发展需求角度提出成人教育发展的新思路。

一、学习社会中的成人教育管理

学习社会是在终身教育、终身学习思想的影响下形成的一种新的教育理念。教育社会化和社会学习化是学习社会的重要特征，学习社会与终身教育、终身学习有着密切的联系。成人教育理论在学习社会理念影响下也有了新的发展，其中包括社区教育、学习型组织理论在成人教育实践中的应用等。

（一）学习社会

1. 学习社会的发展

学习社会是一个新型的社会发展模式的概念，标志着人类文明与进步已进入一个崭新的历史阶段。学习社会的英文是 learning society，我国曾经将其翻译为"学习型社会"和"学习化社会"，根据中文的意思，"型"是模式、模块形态，"化"是融合为一体。学习化是理想目标状态，而学习型是现实发展目标，也是实践运作的模式。最早提出学习社会概念的是美国芝加哥大学校长罗伯特·赫钦斯（Robert Hutchins），他在 1968 年发表的《学习社会》一书中，在对以往的教育制度进行批判性研究的基础上，提出了今后要建立一个新的教育和社会——学习社会，即"任何时候不只提供定时制的成人教育，而且以学习、成就、人格形成为目的而成功地实现着价值的转换，以便实现一切制度所追求的目标的成功社会"。

随着学习社会概念的出现，各国都在促成终身教育制度的建立，希望通过建立终身教育制度推动学习社会的建立和发展。学习社会作为一种新的教育理念，在国际上已经受到了重视。学习社会的实质是社会全体成员的学习需求的不断满足和学习目标的不断实现，从而实现贡献社会和自身的和谐发展的社会。因此，学习社会理念有一定的发展，其含义主要有以下四个方面的发展。

（1）在教育理念上的发展

在教育理念上，学习社会是对传统一次性接受教育会终身受益的观念的否定，认为未来社会所要求的教育将是终身学习和终身教育，即明确了未来社会是学习社会。

（2）在人的发展观上的发展

在人的发展观上，学习社会强调学习不仅是知识技能增长的需要，也是人格和情感生活的需要，只有在不断学习的过程中，人的各方面素质才有可能得到充分发展。人的全面发展是通过终身学习和终身教育而获得的，不可能仅仅通过知识的传递而获得，因此，在学习中的全面发展是一种可持续的发展。

（3）在社会公平观上的发展

在社会公平观上，学习社会赋予社会公平以新的内容，即学习不仅是个人发展的本能，也是一种基本的人权和生存方式，公平的社会肯定和保障人的学习权利。这就意味着整个社会都应致力于为人的学习提供更加广泛和公平的教育机会，学校教育仅仅是社会提供给人的有限度的教育，在终身学习意义上的教育则需要突破学习教育的发展目标、时间、空间、内容和形式上的限制。

（4）在社会发展观上的发展

在社会发展观上，学习社会肯定了教育社会化和社会学习化的趋势，学习社会是一种教育社会，是由一个个的学习型个体、组织、社区和政府所构成的学习体系。它既有一定的层次结构，又有充分的教育资源合理配置、健全的社会制度保障和有效的学习动力机制。终身教育体系需要更多的社会支持，而社会发展的动力就来源于这个学习体系。

2. 学习社会的特性

学习社会是未来社会的发展趋势。人类社会的发展分为三个历史阶段，即农业社会、工业社会和信息社会。学习社会是一个人类文明与进步的崭新的社会发展模式，同时，它作为一种新的教育理念，与终身教育、终身学习有着共同的目标和意义，从学习社会理念的内涵可以勾画出学习社会的一些基本特性。

（1）学习社会是由一个个终身学习的个体所构成的社会

国家向公民提供终身教育的机会和资源，使愿意学习和接受教育的人在时间、空间上均有机会利用。每个人都在为更好地适应社会而进行终身学习，这一个个的终身学习个体结合成为各种学习型组织，而这些学习型组织又进一步构成了学习社会。

（2）学习社会是一个以学习者为中心的教育社会

学习是每个人的基本权利，学习者的主体性在社会中得到充分的尊重。国家建立终身教育体系，并把学习者放在教育的中心位置来设计教育目标、内容、方式和方法，这改变了传统的以教育者为中心和受教育者被动接受的教育模式。

（3）学习社会是一个对全体成员的学习无障碍的理想化社会

所有学习机会应公平地向所有有能力、有需要的人开放，社会的教育制度应支持和帮助每个人实现其学习愿望，消除其在入学资格、学习空间和时间、教学形式和考试评价等方面的限制和障碍，每个人都能根据自己的特点和实际情况，规划自己的发展方向、制订学习计划、确定学习目标和选择合适的学习方法进行学习，学习成为人们的一种生存需要。

（4）学习社会是一个学习具有开放性和网络化的社会

开放性体现在教育时间、教育机构、教育场所、教育资源等方面的开放，学习者可以在任何时间和空间进行自由开放的学习活动。网络化是学习社会在方法、手段和技术上的特征。学习网络把人们与全社会的信息资源联系在一起，使教育和学习跨越时间、空间和国界，让人们可以依据各自的需求，自主地选择学习时间、地点、内容和方式，自主地安排学习时间和学习进度。

（5）学习社会是一个合理平等的社会

学习是一种基本的人权，它不是少数人的特权。学习社会主张所有学习机会应公平地向所有有能力、有需要的人开放，教育和学习机会平等是各级各类教育活动的基本原则。学习社会既是一种公平的教育理想，又是一种合理的社会理想。

3. 学习社会的条件

学习社会是一种理想的社会发展状态，西方发达国家正是利用其发达的经济和先进的信息技术推动学习社会发展，并且取得了一定的进展。从学习社会的理念和特征来看，构建学习社会需要一定的社会发展基础条件，也是一个需要全社会不断努力的过程。形成学习社会的基础条件主要包括以下四个方面。

（1）坚实的经济基础

就学习社会的理念而言，学习要成为人们的自觉需要，社会经济基础是实现这一目标的关键因素，强大的经济基础能够为全民学习提供充分的机会和条件保障。在经济基础较为薄弱的社会，谋生存仍是人们的第一需要，人们大多数时间都在为生存而劳动，学习是很难成为人们的自觉需要，即使有学习的需要，也没有足够的时间保障和经济支持，社会所能提供的教育和学习的条件也相当有限。由此可以看出，教育投入和教育机会会受到经济条件的制约。当人们还没有自觉的学习需求和社会还没有足够的满足各种各样学习需求的经济基础时，学习社会的理念是不可能付诸实践的。

（2）先进的信息技术基础

学习社会具有反映信息时代要求的特征，先进的信息技术为学习者提供了更广泛、更方便、更快捷的学习条件。网络教育提高了教育资源的利用率，实现了教育资源共享，没有信息技术的基础，学习社会是无法形成的。很多国家正是利用先进的信息技术手段来推进学习社会的发展。

（3）充分的政策和法制保障

学习社会的重要特征是：学习权和发展权成为受到法律保障的基本人权；社会在法制上保证了充足的、公平的教育机会和学习条件；政府部门通过推行政策确立良好的社会运行机制，推动学习社会的形成。因此，在法制上确立学习权的法律地位、促进学习社会发展的各项法律法规以及各种各样教育服务的规则是建设学习社会的基础。

（4）合理的教育制度基础

学习社会的实质是通过满足全体社会成员的学习需要来实现人的自身发展和社会的可持续发展。只有依靠健全的教育制度才能保障学习需要的不断满足。由于原来的学校制度和成人教育制度难以满足社会成员日益多样化和复杂化的学习需求，因此需要在教育观念和培养目标上进行更新；在教育的管理模式及内容、方法、办学模式、技术等方面进行改革，完善公民教育体系，实现教育资源的合理配置和运行机制的最优化，使各类教育机构之间建立联动机制；在教育的管理体制方面进行改革，确保所有社会成员的学习需求得到充分的满足。终身学习体系的建立标志着学习社会有了教育制度基础。

（二）学习社会对成人教育的影响

伴随着终身教育、终身学习思想的发展，学习社会也在全球范围内受到了广泛重视。学习社会要求建立以全体社会成员的终身教育、终身学习为基础的教育体系；要求对原有的教育制度进行改革，反映新时代的教育特质。学习社会对成人教育的影响主要表现在以下四个方面。

第一，否定了传统的一次性接受教育会终身受益的观念，强调终身学习过程才是教育的全部过程。学习社会理念认为未来社会的教育将是终身学习和终身教育，强调学习不仅是人们知识技能增长的需要，而且能够推动个人的人格和情感生活等各方面素质充分和谐的发展。学习社会的教育对象和教育目标不再局限于按照某种预定的组织规划、需要和见解去训练未来社会的领袖，或者一劳永逸地培养一定规格的青年人才，而是将全体社会成员培养成正常完整意义上的人和高素质的人。学习社会的目标是让每个人都学会学习并使自身得到自主发展，关注的是学习者的自主选择、学习需要、态度方法和个性能力的发展，更重要的是提高学习者的自尊心、自信心和主体的知识水平。教育是通过强化学习者个体的内在成就意识，激发个体学习的兴趣与爱好，并与外部就业、竞争、事业成败的压力相结合，让学习者养成良好的学习习惯和自觉性。因此，教育对象的扩大和教育目标的多样性将是学习社会的教育发展取向。

第二，明确了学习和个人发展是一种基本人权，社会和教育有责任为其提供充分的保障。学习社会理念以学习作为个人和社会发展的双重需要，强调任何压抑和剥夺人的学习权利的行为都是不被允许的，这就意味着整个社会都应致力于为人的学习提供更加广泛和公平的教育机会，使人的发展和社会的发展能够协调起来，让学习和教育成为整个社会的共同任务。学习社会的教育活动已经超越了学校的范围，延伸到个人终身的生活历程和社会的各个方面。学习社会是人人学习、时时学习、处处学习的社会。一个人的生存发展所必需的文化知识和创造力，一方面取决于其接受教育的程度，另一方面取决于其终身学习的程度。过去一次性的学习已经不能适应社会进步与人的发展需求。因此，学习社会必须建立新的教育体系，保障所有社会成员的学习权利和教育需要的满足，这也是学习社会教育的精神实质。

第三，明确了学习者在教育中的主体地位，并且要求理顺教育中的基本角色关系，改变传统教育模式。传统的制度化教育在一定程度上降低了自主学习的价值，使得为学历和证书而学习的观念大行其道，学员变成被动的教育对象。学习的主体性和多样性要求重新确立教育关系，让主体性教育成为主流的教育模式。学习社会鼓励自主学习，特别重视学习者的主体性，强调要处理好继承学习、掌握学习、理论学习与创新学习、探索学习、实践学习的关系，发挥多种学习方式方法的整体功能。可以看出，学习社会的教育是以学习者为中心的模式。

第四，肯定了教育制度和形态多元化的发展趋势，倡导社会教育化和教育社会化。学习社会理论和教育实践的结合，必然使各种新的教育、学习机构和形式不断涌现。正规的学校教育与非正规的成人继续教育、回归教育、家庭教育、社区教育和社会教育之间越来越趋于融合，无论是学校、工作单位、社会团体，还是家庭、社会组织和政府都具有教育职能，在连续不断的学习过程中，多种多样的学习体系发展成为一个协调的整体，即学习网络。这就是学习社会的主要特征——社会教育化和教育社会化。随着终身教育的理念普遍被接受，各种新的教育、学习机构和形式不断涌现，教育制度呈现出多元化的发展趋势。

（三）学习社会中成人教育的发展

在学习社会赖以实现的终身教育体系中自然也包括成人教育，成人教育是其不可或缺的部分。在传统的成人教育观念中，成人教育基本上是对在职人员的培训和教育，侧重于成人的行业和职业教育，把就业人口以外的成人排除在成人教育之外，把阶段性的培训和教育视为成人教育的主要形式，实际上这种观念忽视了成人不断增长的学习和发展需求。国际成人教育发展至今，在多数国家的成人教育中，专业教育与职业培训始终占据主导地位，社会更愿意为明确的专业或职业发展提供业余教育机会和付出较高的经费资助。从教育对象来说，成人是接受教育的主体；从教育时间来说，成人接受教育的时间跨度最长；从教育空间来说，成人教育活动的空间最为广阔；从获取知识比重来说，一个人90％～95％的知识是他从成人期所接受的教育中（包括自学）获得的；从教育载体来说，各级各类成人教育机构和社区教育机构是终身教育的主要载体。

从终身教育的角度看，成人教育是成人一个连续不断的学习过程，成人教育的内容不仅反映了社会职业发展的需要，而且反映了社区生活的需要和个人发展的需要。成人教育不仅要成为社会赖以发展的教育基础，而且要致力于促进个人的发展，特别是要为某些弱势群体的发展服务。

在学习社会这一理想的社会模式中，终身教育的建立有赖于成人教育的有效组织。成人教育需要对传统的教育模式进行改造，使知识性教育逐步向创造性教育转变，充分挖掘人的潜力，全面提高劳动者的素质。成人教育被置于发展学习社会的多元教育所需要的、开放的教育体系之中，因此，成人教育模式应该是从不同层面上实施素质教育的模式，而不是单一的、非此即彼的职业教育模式。只有建立适应多元需要的、开放的成人教育体系，才能使成人教育成为终身教育体系中最基础和最具活力的部分。

（四）学习社会中成人教育的构建

随着时代和社会的发展，以及人民群众多样化教育需求的增加，社会各界要求教育制度改革的呼声日益高涨。进行教育制度的整体改革是构建终身学习体系的重要基础之一。当前针对我国的现实情况和问题，在构建终身学习体系和迈向学习社会的策略上，有以下方面的总体思路和基本对策。

1. 学习社会中成人教育的构建思路

第一，要用终身学习的理念统领教育界和社会各界的思想认识，使全社会认识到：教育不仅是学校教育，也包括社会教育；教育不仅是学校的事情，也是全社会共同的责任。教育的职能要由全社会来共同承担。

第二，构建学习社会一定要系统规划、稳妥推进。在今后的一定时期内，我国要全面推进素质教育，加快教育信息化，逐步实现教育现代化，逐步构建终身学习体系，推进学习社会的建设。

第三，教育制度改革必须与整体社会体制改革结合起来，因地制宜地逐步实施，体现中国特色。面对国际社会教育改革与发展的新思路、新动态，在战略选择上要立足于我国教育改革的现状和实际，借鉴其他国家教育改革的成功经验，设计我终身教育体制和模式，促进终身化学习社会的形成，建立有中国特色的学习社会。

2. 学习社会中成人教育的构建对策

根据我国的实际情况，迈进学习社会主要可以考虑如下方面的对策。

第一，发扬中华民族崇尚学习的优良传统，充分调动人民群众的学习积极性，统一社会认知，形成全社会关心、支持和参与终身学习的合力，逐渐淡化教育内部各系统的界限，建设适应本地区的、各种类型的"学习组织"，如"学习型家庭""学习型企业""学习型医院""学习型社区""学习型乡村"等。推进终身教育体系的建立，为社会成员的终身学习提供机会和支持，确立学习将成为人的一生的重要活动的观念，营造全社会崇尚学习和人人终身学习的氛围。

第二，改革和调整教育结构，健全正规学校教育和成人教育两大体系，并努力促进两大体系之间的协调发展。加大学校教育改革力度，首先要在学校体系中沟通各种教育机构和资源，并逐步向社会开放，使学校教育变成学习社会化的基石；同时，要大力发展并完善成人教育体系，强化成人教育的终身教育功能。终身教育体系应该包括学校教育后的再教育、再培训和再学习的相互结合，实行职前教育与在职培训相结合、学历教育与非学历培训并举、学业证书与职业资格证书并重的制度，努力构建和形成包括学校教育、行业（企业）教育、社会教育、网络教育等系统在内的现代教育结构体系。

第三，大力发展信息技术和网络教育系统。利用现代科技媒体手段，加快我国终身教育基础设施的建设；运用新教育教学方法和手段改进教育模式，促进教育的现代化和信息化；要建立更多的网上学校、虚拟教室、虚拟图书馆等远程教育和学习基地，使其突破传统教育受时间、教育年龄和区域教育环境等方面的限制，运用开放的网络系统、灵活的教学方式，鼓励创新素质教育体系，推动终身学习进程发展。政府和各级学校要加大有关方面的人力、财力投入，既要有规划和基础建设，又要有研究和推广实践，加快网络教育的发展速度。这将为我国构建学习社会提供有利条件。

第四，采取因地制宜、分区规划、逐步推进的策略。由于我国地域辽阔，地区自然资源、人力资源分布和经济发展不均衡，构建终身教育体系需要一个由经济发达地区向欠发达地区逐步推进的过程，需要一个由中心城市向落后周边地区渐进的辐射过程。在经济发达地区可以建立国家终身教育实验区，为全国大范围的学习社会的构建提供经验和借鉴；在中西部地区，应在国家政策性倾斜的资助下，加大对教育的投入，改善教育和育人环境，提高基础教育普及率和普及层次，有效缩小地区差距，合理配置教育资源，全面发展各级各类教育。

第五，形成促进学习社会发展的有效机制，包括激励学习动机的机制、沟通学习资源的机制、支撑学习的机制、保障公平教育和学习机会的机制、评估学习效果的机制等。要正确处理社会公平与个人选择之间的关系，正确处理政府宏观调控、学习者自主选择和社会广泛参与之间的关系。政府为终身学习体系立法，保障和协调社会的学习资源；社会教育机构主动和各类求学者沟通，为他们提供平等参与学习的机会和条件；社会组织及个人自主选择适当的学习途径和方式，使教育和学习成为每个个体、家庭、组织乃至全社会的自觉行动。

二、社区成人教育管理

(一) 社区与社区教育

社区研究是社会学研究中的一个重要领域。我国的社会行政管理中引入社区的概念之后，社区成为一个使用频率很高的概念。社区建设、社会经济发展以及人们的生活之间联系越来越密切，而在终身教育理念和学习社会思潮的影响下，教育领域兴起了社区教育的热潮。在大教育的范畴内，研究者需要结合时代精神和终身教育理念，阐明学习社会中的社区的概念、社区与成人教育的关系，以及我国的社区教育理论和实践问题等。

社区（community）是社会学的基本概念之一，是指在一定区域内共同生活的若干社会群体或人群通过某种互动连接起来并且由共同文化维系的区域性社会。社区不是一个抽象的概念，而是人们在一定的时间和空间内共同生活的社会实体。社区的构成要素包括地域、人口、区位、结构和社会心理等，其中社区的地域和文化因素尤为重要。我国在体制改革进程中对社区的认识逐步深入，从构成社区的要素来看，社区有五个特征：一定数量的人口、一定的地域和资源、一定的生产消费设施、相应的制度和管理机构、特定的传统文化。凡是符合这些特征的区域都可以被称为社区。[①]

任何一个社会都是由若干个社区组合而成的，它不仅是人们生活的地方，而且是人们工作、学习、进行社会活动和社会互动的空间。社区的人口因素包括人口规模、社会群体和个人体系。一定数量的人口是社区存在的实体，社区

---

① 郑准，马林，李海燕. 成人教育基础理论［M］. 广州：中山大学出版社，2015：237-274.

群体是一种具有组织和制度化的人的构成，邻里、家庭等社区群体是受社区发展影响的，不同的构成关系形成了不同的社区网。

社区地域环境包括自然地理环境、资源环境、人工及社会环境三个部分，作为社区人口生活和发展的客观条件和物质基础，决定了社区的生活方式和文化传统。

随着学习社会的发展和社会生产、生活方式的根本转变，社区由传统意义上的生活共同体逐渐向多功能的生活、生产和学习的微型社会发展。与过去相比，社会成员在社区停留的时间更长；另外，社区在增进成员感情交流和实现社会控制、社会整合等方面又有其优势。社区的重要性日益凸显，社区将成为或正在成为社会中最重要的功能单元。研究社区教育，一方面，要了解已有的社区理论和社区教育理论；另一方面，要把握现实的社区形式、形成过程和发展趋势。

社区组织是执行一定的社会职能，完成特定的社会目标，构成一个独立单位的次级社会群体。人们居住于同一社区，有共同的需要，面临共同的问题，在解决问题的过程中自然而然会产生一种互助合作的关系，并且逐渐形成有意识的自我管理、自我发展。社区管理是对社区生产与生活的调控，因此，社区管理是制约社区发展的关键因素之一。

社区文化是通行于一定地域范围内的特定文化现象，是社会大文化在社区内的反映，也是伴随着社区成员的共同生活而逐步形成的。社区文化根据其要素的不同性质与特点，可以分为精神文化和物质文化两大类，其中社区精神文化主要包括社区居民的价值观念、行为规范、社会习俗和传统等。

1. 社区的分类与发展

（1）社区的分类问题

我国学术界一般根据社区理论，将社区分为农村社区、集镇社区和都市社区。不同的社区类型有着不同的区位特点和社会关系网络，对生活在不同社区的人们有着不同而深刻的影响。实际上，还有以不同标准划分的类型：按形成原因可分为自然社区和规划社区；按功能可分为行政、文化、贸易、旅游等社区；按地理特征可分为平原、山村、内陆、沿海等社区；按区位可分为大都市、卫星城市、中心、边缘、集镇、散村等社区；按人口和发展规模可分为特大型、大型、中型和小型等社区。

我国在原有计划经济体制下，城市和农村的基层行政区划和行政系统的关系不够清晰，社会管理体制不成熟，特别是在条块分割的条件下，社区界限和职能不清楚。社区工作主要借助人民政府的指导和资助，大多数社区工作的管理机构是政府的派出机构或行政机关，如街道办事处、乡镇人民政府、厂矿企业领导部门等，与西方国家的社区工作由民间团体或社区领袖自愿承担大不相同。单位是中国城市社会和政治生活中的基层组织形式，人们习惯于把自己供职的机关、事业单位、社会团体、企业统称为单位。在实行社会主义市场经济体制过程中，社会职能、政府职能和企业职能逐步分离，"单位"不再同时兼有经济和社会这两种职能范畴。原计划经济体制条件下的通过行政体系来支配社会资源、统一包办社会福利和社会服务的格局正在转变，许多原来由企事业单位包办的社会职能也逐渐转移给职工所在的社区，使基层社区的工作内容越来越丰富。

目前，我国大城市普遍实行"两级政府、三级管理、四级网络"的新体制。"两级政府"指市政府和区政府；"三级管理"指市政府、区政府、街道办事处对社区建设所实施的管理；"四级网络"指市、区、街道、居委会四级，其中最基础的是居委会层面的服务网络，突出居民自治。社会学界的理论工作者和社区实际工作者在继承原有"街居体制"优势的前提下，立足基层，力求改革创新，正确认识社的性质与功能，正确处理社区建设与市、区政府权力重心下移的关系，通过强化街道的管理职能，加强居委会的工作力度，做到"社会事情社会办"，构建"小政府、大社会"的管理框架，形成新的社区体制。

中国的社区种类繁多，如按功能分有工业社区、文化社区、居民社区；按区位分有中心社区、城郊结合部社区、农村社区；等等。随着科学技术的飞速发展和文化形态的日益多元化，有些社区已经开辟了全新的领域，如电子社区、虚拟社区等。居委会、业委会、物业公司"三驾马车"在"社会场域"的竞争、合作、冲突中实现有效的协调，不再是社区行政权力上的变化，而是推动整个社区管理模式向"协调式"转变。

（2）社区发展的趋势

社区发展是一个社区自觉的、进步的和有计划的社会变迁过程，在这一过程中，政府部门的角色是动员和教育民众，协调社区组织和群体的关系，而社区成员是主要参与者。社区发展的目标是建立社区自我发展的良性机制，建设和改造社区环境，提高社区成员的生活质量。因此，社区发展的根本目标是要用社区的力量解决个人无法解决的问题。政府部门和人民双边合作、人民参与和政府支持是构成社区发展的两个基本要素，也是社区发展的核心理念。调动和整合社区内外一切可利用的潜在资源，使之变成社区发展的现实资源，促进社区在经济、政治、文化和社会福利方面的全面进步，是社区发展的价值目标。

在 21 世纪，社区发展将呈现出以下若干新的发展趋势。

第一，多功能复合型社区。社会知识经济结构的变化，导致城市物质空间结构的变化，企业将走向小型化、分散化、社区化，产业与居住环境相融合，家庭办公成为可能。在这种情况下，社区也将超越原有的居住意义，不再有严格的功能分区，而是成为集居住、就业、教育、娱乐、消费等多种功能为一体的复合型社区，从而提高人们对社区的归属感。

第二，以人为本的可持续发展社区。现代化的经济、技术手段，使得人们一生中大量的时间是在社区中度过的，社区成为知识社会体现人文关怀的重要载体。建筑物的数量、形式、布局，道路的设计，各种服务设施的配置以及丰富的文化活动等，都将体现根本的人性原则。社区将是人类居住、工作、生活的宜人空间，人与自然和谐共处的可持续发展思想在社区层面得到了最充分的体现。

第三，多元文化的复合社区。在社会的开放、信息量高度膨胀以及不同文化的人群交融结合的多元文化模式中，人群具有高流动性，社区构成日益复杂化。人们因此拥有更多的生活参照和选择，社会生活随着科技进步和社会高流动性的日益发展而不断加快，社区文化获得了有利的发展条件而更加趋于多元化。

第四，依靠网络建设精神社区。精神社区，是指拥有共同的学习资源、价值观念、生活方式和信仰的人群集合体，人们不一定共居一地，但可以借助先进的网络技术将社区居民的学习和生活联系起来，使得过去相对抽象的精神社区的概念变成现实。精神社区作为一种新的社会生活方式，在社会网络构成中占据愈来愈重要的地位。

社区有各种各样的发展模式，社区发展的存在模式是从社区概念出发对社区发展的划分，包括社会体系模式、社会冲突模式和社会场域模式三个基本模式；社区发展的功能模式是从社区发展概念出发对社区发展的划分，包括计划变迁模式、政府授权模式、社会参与模式、文化创新模式四个功能模式。社区发展的机制则是指社区发展的结构、功能及其动力关系。从结构上说，社区发展工程分为概念子系统、组织子系统、文化子系统和器具子系统四个子系统。社区发展的动力机制主要来自两个方面：一是政府相关部门自上而下的计划推动；二是人民自下而上的需求拉动，二者必须有机结合起来，才能形成社区发展的合力。

2. 社区教育及其模式

改革开放后，社区教育在我国逐步兴起，社区教育与社区发展的关系也越来越密切，社区教育对各地的社会主义物质文明和精神文明建设起到了积极作用。但是人们在理念上对社区教育的本质认识模糊，在实践上出现社区教育的"泛化"现象，这种现象可能导致社区教育失去其赖以生存与发展的基础。因此，掌握社区教育和有关理论，既是促进社区教育健康发展的需要，也是促进社区发展的需要。

社区教育在人类教育史上有着长期的实践，在古代，人类社会出现了定居性生活社区，社区教育以非形式化、非组织化的社区生活与教育有机结合为基本特征。在传统的农牧社会，由于有了社会分工，教育的专门职能机构——学校出现并逐渐发展起来，而此时的社区教育作为人们的自觉学习和培养活动虽然存在，但只是一种非主流、非正规意义的广义的社会教育。

从教育社会学的角度来看，社区教育是一个为满足社区发展和居民教育需要而建立起来的、多种形式的、新的教育体系，也是社会教育系统的重要组成部分，反映了教育社会化和社会教育化的要求，具有教育对象全员化、教育过程终身化、教育内容全面化、教育方式多样化、教育水平多层次等特点。因此，从终身教育和大教育的观念上来说，社区教育是以全体社区成员为教育对象，学校与社区双向参与互动，整合社区内的各种教育资源和因素，开展形式多样化的教育和文化活动的教育形式。

综上所述，社区教育是在一定的社区内进行的所有教育活动的总称，社区教育通过学校与社区的互动、学校教育与社会教育的结合，整合社区内外的各种教育资源，包括社区内所有教育机构、教育力量协同运作的教育体系，其宗旨是适应社区发展的需要，为社区所有成员提供的教育服务。社区教育也是提高社区全体成员素质和生活质量以及实现社区发展的一种社区性的教育活动过程。社区教育的定义表述体现了一个新的教育基本理念，其意义和价值在于为社区教育的健康发展提供指导，为社区教育理论建设提供一个支撑点。

（1）社区教育的性质、目标和功能

社区教育作为一个为满足社区发展和居民教育需求而建立起来的教育体系，反映教育社会化和社会教育化的要求，具有全员、全程、全方位、多形式、多层次的特点。因此，社区教育的实质是在特定社区内根据社区发展及居民教育的需求而进行的一种区域性教育，其属性包括社区性、综合性、开放性、网络化，其中社区性是社区教育的本质属性。

社区教育作为一种发展和增长社区成员的新知识和新能力，提高社区成员生存能力的教育，是面向人的一生的终身教育，涉及大教育的理念，体现人的一生各阶段的各种发展和需求，这就要求社区教育在结构、层次、规格、内容、形式、方法上都应具有全面性。社区教育的目标是满足社区居民的多样化教育需求，提高社区成员的文化素质和生活质量，促进社区的可持续发展。社区教育不同于基础教育和专业教育，主要是围绕社区居民的教育需求展开，采取灵活多样的方式对居民的思想、生活、职业技术进行教育，通过居民的参与、学校与社区的互动实现教育目标。因此，社区教育的根本目的是提高社区成员的素质和生活质量，促进社区建设和可持续发展。

社区教育应该与社区发展相结合，在实践中以人的全面发展为主线，以提高社区居民的科学文化素质和思想道德素质为目标，以满足社区居民的需要为主题。社区教育必须紧扣"依托社区和服务于社区发展"这一关键，而且把教育与社区特定的人文、地理、社会等特征联系起来。教育作为一项专门性工作，基本功能是启发人的自觉意识，传授知识技能，培养情操和人格，而社区教育具有对象广泛性、内容全面性及形式多样化等特征，可以让教育基本功能得以延伸和发扬。具体而言，社区教育的特殊功能体现在以下四个方面。

第一，启发功能。启发功能是社区教育活动启发社区干部及社区成员的社区意识和参与积极性的功能。社区干部通过参与社区教育实践，正确地认识社区的真正需要，改变单纯服从上级行政命令的工作态度，更多地根据社区发展的需要创造性地开展社区工作。社区居民在参与社区教育的过程中逐渐形成自觉维护社区利益和建设社区，逐渐形成自觉学习的积极性，这样社区发展也就有了原动力。

第二，沟通功能。社区教育的顺利开展必然要调动社区的各方面教育资源，实现功能互补和资源共享，使社区中的单位、居民之间的联系增加，在兴办教育、支持教育、管理教育等方面形成共识，不仅沟通了街道与单位、干部与居民之间的关系，而且沟通了社区与学校、社区与家庭之间的联系，发展情感，形成社区内聚力。对社区工作的开展来说，社区教育开通了许多渠道，并且这些渠道围绕学习、育人和发展的轴心协调一致。

第三，塑造功能。社区教育的教育及服务对象是人，尽管社区居民在身份职位、背景经历及年龄个性等方面均存在差异，但其共同的生活环境和文化传统是由一定的传承来维系的。社区教育根据社区发展的共同需求开展形式多样、生动活泼的教育活动，既能满足各种居民的内在教育需要，又能照顾各种居民的社会属性，传递文化，陶冶情操，调整人们的生活方式；既有利于塑造居民的良好心境和个性，也有利于社区文化的传承和营造良好的社区气氛。

第四，辐射功能。教育是文明的传播手段，社区教育通过各类有教育职能的机构及有教育意义的活动，将现代化科技信息、民主法制精神、价值观念、正确舆论等直接或间接地传播给居民；通过全体居民的生活和生产实践，影响社区环境氛围和人的思想言行，最终形成一股强大的能量，改变社区的方方面面。正是由于教育对人的深刻影响，文明通过人的活动辐射到环境和工作之中，渗透到社区的精神文明体系之内。

（2）学校与社区教育的互动

社区教育作为社区工作的组成部分，同时也是与学校教育相对应的一种独特的教育体系，它在家庭—学校、学校—社区、学校—传媒等教育关系模式的影响之下，与学校教育存在着联系和交叉。一方面，社区的人口、经济发展水平、管理制度和文化环境等制约着学校教育的生源、空间环境和教育资源的配置等，社区为学校教育的活动和发展提供条件保证；社区内所辖单位可以建立社区校外活动实践基地，能够改善学校教育与社会的联系，为学员适应社会生活和社会化发展提供保障。另一方面，学校教育作为社区教育这一有机体的重要组成部分，对社区教育整体水平有着其他教育不可替代的作用。学校教育还对社区教育中非学校教育的部分起着直接的辐射和影响作用，丰富了社区居民的教育和文化生活。

学校教育与社区教育密切相关，学校可以为社区教育的开展提供教育因素，如教师、教室、教材等；社区内有丰富的教育资源，又可以服务于学校教育，如文化体育设施、社会实践场所等，学校教育与社区教育二者之间是互补关系。鉴于社区教育的开展往往要借助于学校的师资、场所、设备，因此学校教育的开放程度直接影响社区教育的发展程度。总之，这两种教育在教育的目标、主体、内容、场所和管理体系上既有区别也有联系，联系就是社区教育和学校教育之间存在互动互利的关系，区别就是它们分别在教育对象、教育内容、教育形式、师资条件和运作机制等方面有所不同。

目前我国社区教育与学校教育的关系尚未理顺，究其原因，一部分是受到了社区教育实践条件的制约，另一部分则是由于研究者和工作者不同的观察视角。理顺社区教育与学校教育的关系，要解决以下互动问题。

第一，沟通教育观念。社区和学校都要运用现代终身教育和大教育的理念统一教育思想，确定教育目标和指导教育行动，确立以人为本的终身教育理念。

第二，协调管理体制。从社区发展的角度设立教育管理机构，建立组织秩序，改变各自为政的局面和工作作风，探索学校与社区双向互动的运行机制。

第三，共享教育资源。教育资源包括有形资源和无形资源。有形教育资源包括人力、物力、财力、信息、组织等；无形教育资源包括社区意识、社区归属感、良好的社区氛围、社区互助的伦理规范等。从资源开发和使用程度来说，又有显性资源和潜在资源之分。社区和学校要共同开发教育资源，充分利用并且合理配置教育人力、基地、场所、设备、信息和资金，使教育资源发挥最大的效益。

第四，互相支持教育工作。由于学校与社区的组织性质和目标不同，需要二者以社区的可持续发展利益为重，动员一切力量共同开展社区教育，配合做好社区建设工作。

优化社区中教育系统的教育影响和作用是社区教育与学校教育互动的目标，具体来说，是社区教育实体对社区成员施加有计划、有组织、有形式、有效果的教育影响，从而提高居民的文化素质和生活质量；而学校教育要依托社区并且利用社区的教育资源和力量，对学员进行全面素质教育的同时，协助社区对全体社区成员进行多种形式的教育，这是对学校教育功能和社会功能的强化，也是改革学校教育的根本出路。在社区内，以居民委员会、村民组织等为依托，因地制宜地建立社区教育活动中心或文化站，整合社区的各种教育资源和力量，发挥学校的主体作用和功能，以及通过开放学校弥补一些社区文化设施不足的缺陷，为开展社区教育活动创造有利的条件，也为学校教育与社会、社区和家庭教育的协调发展奠定基础。

（3）我国社区教育的基本模式

在教育改革中，上海、天津等地积极探索学校与社区相结合进行针对学员德育工作的方法，并且出现了社区教育委员会等组织形式。20 世纪 90 年代初，社区教育的发展趋势呈现由沿海发达地区向内陆地区大、中城市发展的特征，在北京、上海、南京、武汉、广州、重庆、沈阳等地相继出现了多种形式的社区教育模式，随后，社区教育从单纯的学校与社会合作进行某些教育活动向学校与社区互动育人的模式转变。社区教育成为全面提高居民素质和城市文明程度，促进精神文明建设社会化的有效途径。

现在我国社区教育正在形成由理论认识到实验，再逐步全面推广的发展态势，各地的社区教育的实践得到了政府的支持，并且取得了相当多的经验。随着农村的城市化（城镇化）发展，由农村转变而来的城镇将会越来越多，并且成为以后农村典型的社区类型，社区教育的重要性就越来越明显。对于我国的多数地区而言，农村社区教育仍处于起步探索阶段，而且各地之间发展不平衡。我国社区教育的主要形式如下。

第一，以乡镇、街道（居委会）为中心的社区教育。以乡镇、街道为单位对所辖行政区域组织的社区教育，主要是进行公民基本素质、爱国主义、法治意识、社会公德、职业道德等教育。社区教育通常是以组织读书活动、社区讲座等形式进行，寓教育于社区文化活动之中。按照"以人为本"的服务宗旨，在住宅建筑和环境设计中融入人文、科技、生态等教育内容。在开展有偿服务时，有意识、有计划地在其中融入社区教育的内容，既能实现其经营目标，又能服务育人，提升社区的生活质量和文化品位，使社区居民和社区实现同步发展。

第二，以学校为主体组织的社区教育。学校作为区域性社区教育的组织者，利用自身办学资源和优势进行社区教育，主要形式包括学校组织社区内学员参加各种形式的课外教育活动、学员志愿参与社区工作和教育活动、学校邀请社区居民进入校内参与教育活动、对居民开放校内文体活动设施等。以学员作为区域性社区教育的组织协调者，即学校根据开放性办学的思路，利用自身的办学资源和优势，在社区内开展以学员为主要对象的各种校外学习活动，其运作方式为：以学校为主体组织本校或社区内学员参加各种形式的课外教育和学习活动；由学校牵头组建社区教育协调委员会，定期研究学校课外教育工作，参与学校课外活动的管理；举办家长学校，定期或不定期地开展家长的交流和研讨活动；在子女教育等方面强化学校教育与家庭教育的有机结合，鼓励家长对学校运作的参与；合理充分地利用学校的教育资源，向社区居民开放校内活动设施。

第三，以厂矿企业单位为主的自助型社区教育。厂矿企业单位立足于职业岗位需要，开展各类技术与岗位培训和教育活动，以社区本身的历史或实际工作作为其学习资源。职业技能教育是社区教育的学习课程的一部分，学习者自行决定学习目标和学习策略，学习活动的进行与控制大多由学习者掌握。厂矿企业接受区域内单位委托，通过专业开发、课程开发、项目开发等多种手段组织教育教学活动，该模式有两大特点：一是集高等教育、成人教育、职业教育等为一体，具有区域性、综合性、开放性、多层次等办学特色；二是办学模式与现行高等院校明显不同，是一种颇具发展前景的新型办学模式。

（二）社区学院与社区成人教育

成人是社区教育的主体，应该更加注重成人的自然属性和社会属性，关注他们的学习特点。社区成人教育是将社区教育与成人教育进行有机结合，利用社区的地缘优势，结合成人教育的特点，在社区教育的大背景下开展成人教育。社区成人教育是社区教育的主体，是一种以社区成人学习者为中心的教育模式。

1. 社区学院教育形式

目前我国的社区学院：因为教育部和省级教育行政机关制定的职业技术学院的行政法规、社会容易接受等原因被定名为职业技术学院的学校，但其实质上是社区学院；最初是按照社区学院的规格、要求建立的学校，但因种种原因被定名为经济干部学院；为了更容易得到地方政府和社会各界在经费、人员、土地、优惠政策等方面的支持，以地方大学的名义出现的学校，但其实质上是社区学院；被称为社区教育学院或者社区大学的学校，但其实质上仍然是满足社区居民多样化的学习需求的社区学院；广播电视大学的社区分校，如挂靠电大成立的社区大学，面向全体市民的社会化、开放式学校等。

社区学院作为社区教育与高等教育互动结合的形式，不仅能够满足我国刚迈进高等教育大众化阶段的现实需求，而且能够满足社区居民日益增长的文化教育和终生发展的需要提供一条确实可行的途径。进入 21 世纪，随着科技发展和社会生活的丰富化，"大社会、小政府"成为社会现代化运行的一个基本特征，社区的组织形式也发生了变化。社区作为现代社会的基本组织，必须率先完成社会职能、政府职能和企业职能的分离。社区学院面向和服务于社区内所有成员，以青年和成年人为主要教育服务对象，通过举办和实施职业教育、补偿教育、社区教育、普通教育、继续教育和终身教育相辅相成的"大教育",来满足成员全面提高素质的需要。

社区学院具有社会中介组织的角色属性,这是因为其具有的特点:民间性,学院组织内部的人员安排、业务活动等方面不受政府、党派、政治面貌的限制,而是以市场为导向,进行职业教育和培训,满足居民的多样化教育需求,培养社会需要的人才;自主性,社区学院职业院系的教学计划的制订和各种课程的设置,都是根据当地工商业的需要和就业趋势,由社区代表组成的委员会确定和实施,组织活动内容和活动方式由组织成员自己决定;志愿性,居民参与社区学院完全出于自愿,成员是否参加组织的活动也坚持自愿的原则;非营利性,社区学院可以从社区各种机构和组织中获得一些活动资金,也可以通过收取一定的费用当作本组织的活动经费,这些都是为了社区建设服务,而不是为了赢利。由此可见,社区学院具有社会中介组织的特点和作用。

社区学院提供的教育服务正是社会劳动力市场所急需的,可以整合有关高等职业学院、改制的中等专业学校和独立设置的成人高校(管理干部学院、职工大学),调整课程设置和专业结构,开展职前和在职培训,承担失业职工的再就业培训,将学历教育与职业培训相结合,探索多样化的职业教育模式,构建综合性的职业教育体系,为经济发展提供智力支持。社区学院还应该重视各种短期的职业培训,包括各种职业资格证书培训、专项技术培训和岗位培训等。

2. 社区成人教育体系

社区成人教育是指以社区为单元,以社区发展为目标,以特定社区内的成人为教育对象,针对特定社区发展需要实施的成人教育活动。它是在尊重成人的前提下,在社区这个特定环境中开展的教育。社区成人教育是一种将家庭、社会与学校相结合的教育,其内容是由"需求"决定的,不是以学科为中心,而是以实用、问题和生活为中心。形式也是灵活多样,不拘一格。社区成人教育是一种真正意义上的全民教育。

社区成人教育是社区所属政府在区域内最大限度地发挥管理协调作用,充分实现资源共享,调动社会各界的广泛参与,适应社区社会、经济发展需要和社区个体自身发展要求开展的形式多样、方法灵活、注重实效的教育形式。政府、社会力量和个人都以前所未有的热情和认真的态度举办或参与成人教育。社区所属政府根据社区经济的发展需要举办成人学历教育、职业教育和岗位培训;社会力量根据社区需求以及办学的实际能力,举办各种成人文化教育、职业技能培训等;社区个人则根据自身发展的需要参加各类成人教育形式的学习和培训。

社区成人教育可以提高成人的整体素质，具体表现为提高成人的身体素质、道德素质、文化素质和心理素质等。其中，成人的身体素质包括健康水平和体能素质等；成人的道德素质包括政治思想品德、社会公德和职业道德等；成人的文化素质主要包括普通文化素质、专业理论文化素质和专业技能；成人的心理素质即成人的心理品质，主要包括成人的情感、意志、性格、态度等。而社区成人教育在提高成人各方面素质上有着较大的优势。

社区成人教育可以分为两大类：一类是为实现社区发展而开展的教育活动，此类教育活动有利于社区经济发展、社会进步、居民安宁；另一类是为社区居民的学习需求而开展的成人教育活动，包括新技术、新知识的培训，科技人员的继续教育，在职人员的岗位培训以及社区老人所需的文化修养、健身保健知识的教育等。这两类教育活动是同一个过程的两个方面，在实施过程中没有明显的界线。社区成人教育不仅成为社区居民个性充分发展和不断完善的引导力，而且渗透到社区经济和社会发展的各个方面，成为促进和调整经济协调发展的推动力。

社区发展与社区的个体发展是密切相关的，社区成人教育的发展要和社区个体的发展需求相结合，这既是社区成人教育的服务方向，也是社区成员享受社区教育服务的权利。就成人的社会属性和发展任务而言，成人是社会职责和义务的直接承担者，其社会身份具有多重复杂性。社区学院作为一种强调社区成人学习者参与教学的教育模型，其发展任务具有确定性、现实性的本质特征。社区学院是一种充分与社区成人学习者生活和工作情境紧密结合的社区成人教育模式。

（1）社区成人教育的对象

社区中成人教育的对象包括社区中的所有成年人。目前，根据这些成年人所具有的共性来划分，社区成人教育主要包括以下内容。

第一，针对企业下岗人员及失业人口的社区成人教育。随着经济体制的改革和经济增长方式的转换，越来越多的失业人员被推向社会，推向他们所生活的社区。学习新技能为再就业做好准备是失业人员重新就业的必经之路；同时，帮助失业人员调适心理、增强信心也是社区成人教育的一项重要内容。由于新的劳动人口不断涌向劳动力市场，社会就业压力日趋严重，对他们进行就业培训以增强其就业竞争力同样是必要的。这些成人教育活动，在社区进行可以极大地方便社区中的居民，并且能够增强他们对社区的认同感、亲切感，在增加社会稳定性方面将起到其他教育方式无法替代的作用。

第二，针对城市流动人口的社区成人教育。2021年5月公布的第七次人口普查中，人户分离人口为 492 762 506 人，其中，市辖区内人户分离人口为 116 945 747 人，流动人口为 375 816 759 人，流动人口中，跨省流动人口为

124 837 153 人，省内流动人口为 250 979 606 人。人口的流动既带来了繁荣，也引起了许多社会问题。在城市打工的人们虽然没有城市正式户口，但是他们已长期定居在城市的某一个社区，已成为城市实际的居民。因此，对他们开展社区成人教育是可行的，而且是必需的。中国城市化不可逆转，社区成人教育任重道远。

第三，针对城市老年人的社区教育。由于世界人口生育率的下降、健康水平的增进，人口老龄化已成为世界人口发展的必然趋势。中国许多大城市都已进入老龄化，老年人退休后，由于行动不便，他们的基本活动空间就是其居住的社区，老年人教育一直是社区成人教育的重点。随着退休老年人文化素质的提高，针对老年人的社区成人教育在其内容、形式等方面也应有相应的充实与提高。

除了以上三类群体外，社区成人教育工作者还应充分了解本社区有哪些特殊居民及其特殊需求，并以此制订教育计划，只有这样，社区成人教育才能有生命力。

（2）发展社区成人教育的意义

社区成人教育是社区发展的核心因素，是社区发展的重要内涵，通过社区成人教育可以全面提高社区成人素质、强化社区整合、促进社区建设。成人教育为社区发展服务的关键是要为社区成员的全面发展服务，更好地满足社区成员日益增长的物质和精神需求，通过人的全面发展带动社区的全面进步，进而达到社会的全面进步。

社区成人教育可以强化社区整合。社区整合是指将各种功能、性质的社区构成要素和单位通过不同纽带的联系构成一个整体，各部分在整体中根据社区共同需求发挥自己的功能，从而发挥社区整体功能，维持社区的存在，推动社区的发展。我国正处于社会转型时期，政治、经济体制改革使社区出现种种分化现象，市场经济、经济全球化快速发展，产业、所有制、职业结构的调整及分化引起人们价值观的变化，因此，一个社区的健康发展在一定程度上取决于它的整合程度。

随着社会的进步、经济的发展以及人民生活水平的不断提高，人们将更多地追求高尚的情操和富有情趣的文化生活，社区成人教育全面提高社区成人素质。社区成人教育能够充分调配社区内的各种资源，满足居民的各种教育需求，使社区的每个成员都可以通过社区成人教育计划得到发展。从国际形势上来看，全球科技经济一体化趋势日益显著，科技的飞速发展要求成人教育需要尽可能地将最新的知识传输给社区劳动者，以便将这些知识转化为现实生产力，推动社区经济高速发展。社区成人教育可以通过岗位培训、再就业培训等向成人传授从事生产所需的知识和技能，从而促进生产力和生产关系的发展。

同时，成人教育不断充实、完善自身的教育内容，把科学教育、环境教育、法制教育、人口教育，以及家庭生活教育、职业技术培训教育、现代扫盲教育、闲暇情趣教育、老年教育等丰富的内容纳入自己的范畴，以帮助社区成员完成向"现代人"的全面转变。

社区成人教育和其他的教育形式都是我国现代化建设和社会现代化发展的重要推动力量，在社会进步、经济建设、文化建设和提高民族素质、人民生活质量等方面起着重要的促进作用。深化教育体制、体系改革，建立横向沟通、纵向衔接的教育"立交桥"，形成开放式的教育体系是教育改革的重要任务。一些市（区）、县的中等以下的成人教育机构合并组建成人教育中心校或社区学院，既能形成一定的办学规模，增强成人教育的办学实力，又有利于成人学校与社区及社区成员建立牢固的联系，改善办学条件。特别是中心校的建立，对街道和乡镇的社区教育起到了辐射和示范作用，在提高成人教育整体的办学水平、提高教育质量和效益方面发挥了一定作用，有利于国家和各级教育主管部门对社区成人教育的规划和管理。社区成人教育的发展不仅有利于建立立体交叉、彼此衔接的教育系统，而且也将对传统的教育体制、体系改革起到重要的推动作用。

3. 社区成人教育发展

（1）社区成人教育发展的新趋势

与国际社会迈向学习社会的潮流相呼应，我国社区教育的发展趋势的特点：社区教育在终身教育的理念下逐渐与学校教育融合，终身学习成为主要的教育观；社区教育的开放方式辐射到其他教育领域，社区与学校共同开办教育的形式将越来越普遍；社区教育的全方位网络将成为终身教育的基本架构，个性化教育被广泛接受；社区教育为教育社会化和社会教育化提供有利条件，学习型社区成为社区教育发展的目标和方向。

目前，社区教育模式向建设学习型社区的方向发展，强调以人为本，以学习为动力，以社区教育为手段，以学习型家庭建设和学习型单位建设为主要形式，以满足社区居民需求和提高居民素质为目的。采用多种教育形式，以学思想、学文化、学科学为主要内容，调动一切积极因素，营造良好的外部环境，建设现代文明新社区。

（2）学习型社区的发展建设

随着学习社会的发展和终身学习理念的深入人心，社区教育的模式也发生了变化，建设学习型社区成为社区教育发展的新趋向。学习型社区应该包括以下特点：针对学习者学习目标提供支持；消除学习资源的混乱及障碍；提供更多进入或离开学习资源的捷径；提供终身教育的机会；确定社区居民有参与表达意见的机会；参与学习的机会可以是随时的和部分的；确保所有人的学习权。

学习型社区的基本含义包括的内容：学习型社区是一个社区成员进行终身学习的社区，是社区成员人人学习、时时学习、处处学习、事事学习的社区；学习型社区是一个以社区学习者为中心的社区，是围绕保障社区成员基本学习权利和满足社区成员终身学习需求而建设的社区；学习型社区是一个以社区终身教育体系和学习型组织为基础的社区，是一个无学习障碍的社区；学习型社区是一个提高社区成员个人素质和生活质量，实现社区可持续发展的社区，是一个动态发展的社区。

学习型社区由一个个学习型组织构成，而学习型组织是学习型社区的细胞。学习型组织是指社区内学习型家庭、学习型企业、学习型事业单位、学习型政府机构等的总称，其最基本的特征是组织成员都有一个共同的愿望，即不断学习以取得成功和发展。

学习型社区强调终身学习、全员学习、全过程学习、团体学习，学习型社区的教育网络包括各种教育机构之间的网络、学校和社区的合作网络、学校和企业的合作网络、企业和社区的合作网络、社区中的教育资源网络、个人学习的国际网络等。建立以社区为主体、教育行政部门做业务指导、社区各界参与的协调统一的社区教育管理机构，是学习型社区形成的组织保证，也只有这样才有利于规划、协调、统筹、管理社区内各级各类社区教育，有利于形成社区终身教育网络。可以从以下四个方面建设学习型社区。

第一，建立学习型社区推进委员会，解决领导管理体制问题。改革社区管理体制和运作是建设学习型社区的基本前提，原有的政府派出机构要扮演动员和指导的角色，代表整体社区的利益与社区中的单位、团体和个人进行协商和协调。所以，最好的管理体制是成立学习型社区推进委员会，负责学习型社区的规划、动员、调配、协调和评价等工作，并在整体社区发展中反映学习型社区的诉求，整合社区建设的各方面工作，特别是要在提升居民的社区意识和参与感上发挥主导作用。

第二，营造社区的共同愿景，培训社区工作者。按照学习型组织原理，营造共同愿景是建设学习型社区的关键。共同愿景是社区居民的认同感和使命感。没有共同愿景，社区居民就很难产生追求社区理想的动机和学习热情，也就没有同心同德的参与和努力。为此，社区领导和工作者的工作理念、态度需要转变，工作职能也要转变，社区工作者团体要成为一个学习型组织，学会了解社区情况和居民的切身需要，掌握组织、动员、沟通的技能，成为学习型社区的推动者和中坚力量。

第三，挖掘和善用社区的一切学习资源，向社区居民提供充分的学习机会和途径。营造学习型社区的主要目标是要向社区居民提供充分学习和终身学习的机会和条件，而这方面可以通过社区教育来实现。这样的社区教育体系应该能够满足社区发展和居民终身学习的双层需求，如果配以社区学习的规章制度和动力机制，可以保障社区居民拥有充分的学习权利和机会。这是学习型社区的实体形式，也是营造学习型社区的重要内容。

第四，营造社区人人学习和团队学习的气氛，启动学习型社区的动力机制。学习型社区的特征是人人学习、事事学习、处处学习，但其本质不是为了学习而学习，而是为了社区的发展和社区成员更好地生活和工作而学习。只有学习才能提高受教育者的素质，达到社区的可持续发展。在社区教育的活动和课程设置上应该广泛考虑社区和居民的需求，开展形式多样的学习活动，开设多样化和可选择性强的课程，形成多元化的学习网络。

学习型社区的动力机制在于社区居民主体性与社区学习条件的交互作用。因此，社区应该尽可能多地调动居民的社区意识和主体性，创造社区的学习环境和条件，即开发社区教育资源和营造学习风气，使社区主体与学习条件之间形成交互作用，逐步建成学习型社区。

学习型社区形成的基本标志：社区充分尊重其成员的学习权利和需求，为社区成员提供公平的学习机会，社区成员自觉参加学习活动，自我导向性学习成为主要的学习方式；建立社区内各种类型的学习型组织，在社区中普遍形成学习型家庭，发挥社区各单位组织的学习和教育职能，形成人人学习的社区氛围；充分开发社区教育资源，包括显露形态的和潜在形态的教育资源、有形的和无形的教育资源等；形成社区终身教育网络，建成协调统一的管理机构和社区教育基地；整体提高社区成员素质和文化水平，明显改善社区成员的生活质量，实现社区环境的可持续发展。

（3）促进社区成人教育发展的策略

社区成人教育是社区教育的重要组成部分，也是成人教育和满足社区成人居民教育需求的重要途径和平台。社区教育模式在教育的组织形式、教育对象、教育内容、教育手段、教育制度等方面不同于传统的学校教育形式，它是对传统教育的创新与突破，有自己的特色和实现的形式。要提高社区居民的文化素质和生活品质，社区成人教育必须做到内容丰富多彩、形式灵活多样；需要解决包括教育观念、教育投入、教育内容、教学管理和师资力量等各个方面的问题，发挥社区整体优势。通过教育资源共享，以获得共赢的社区成人教育成果。

我国社区成人教育的开展，促进了成人教育和社区教育的结合，对进一步促进社区成人教育的发展具有重要而深远的意义。在总结已有经验的基础上，社区成人教育发展的侧重点应突出以下方面。

第一，确立学习型社会和终身教育的新理念。依据素质教育和终身学习的要求，社区成人教育应致力于创新精神、实践能力的培养和各方面素质的全面发展，着重发展社区成人的学习能力、获取信息和处理信息的能力、分析问题和解决问题的能力。成功的社区成人教育培养出来的学员善于从生活的各个领域获取信息和处理信息，善于与他人共同生活，善于应对社会的竞争和生活的挑战，具有生存与发展的潜能。坚持发展社区成人教育，必然会极大地促进我国学习型社会的建立和终身教育体系的形成。

第二，根据各地社区经济、社会发展和提高人口整体素质的现实需求，加强学习的实践环节，重视体验性、应用性、探究性、创造性和综合性的学习，注重各种学习途径和学习方式的结合。强化教育与生产劳动相结合，编写适合城市和农村不同教育特点的教材，与当地经济社会发展相适应，形成能够满足各类学习者多方面、多层次需要的学习内容体系。为满足提高人口整体素质和培养适用人才的需求，采取具备自主性和创造性特点的学习途径和方式，较好地适应大众化高等教育的多样化目标。除了普通本专科外，高等职业教育、高等层次证书教育、高等层次继续教育都能进入社区成人教育的视野，发挥社区成人教育在高等教育大众化的过程中的绝对优势。

第三，大力发展信息技术和网络教育系统。利用现代科技媒体手段，加快我国终身教育基础设施的建设，运用新教育教学方法和手段改进教育模式，促进教育的现代化和信息化。建立更多的网上学校、虚拟教室、虚拟图书馆等远程教育和学习基地，克服传统教育受时间、教育年龄和区域教育环境等方面的限制，运用开放的网络系统、灵活的教学方式推进终身学习进程。促进正规教育、非正规教育与非正式教育相结合，传统媒体的有效应用与远程教育网络的开发相结合。

第四，建立专门的社区成人教育机构，在县（区）建立社区学院，在乡（镇）建立社区学校，在村级建立社区成人教育教学点，由联络员经常往返于社区学院与社区学校之间，有效保证社区学院与社区学校之间的沟通与联系，这是比较符合我国国情的三级办学模式。普通学校、高等职业院校和开放大学（如电大、夜大和函大）、社区中心、公共文化机构和民间组织都可以有效参与社区成人教育。与此同时，要创新社区成人教育机制建设，建立健全的社区成人教育管理体制，使社区成人教育活动得到科学有效的管理，使其拥有稳定的经费来源；建立规范的激励机制，促使学员在良好的学习环境和学习制度中成长进步；引进社区教育的社会力量互动机制，使社区成人教育受到社会的普遍关注，让学员学有所成，以便产生适时或长期的实际效益。

第五，科学调整社区成人教育的经营模式。社区成人教育的经营模式包括：社区学院或教育培训中心模式，该模式致力于促进社区乃至社会的团结与发展，并为社区成人提供娱乐与社会交往、家庭生活、职业发展等所需的技能培训。公司培训模式，培训公司能够全面把握和了解职业最前线信息和社区发展的需求，这将是未来成人教育在职业培训上的一个主要发展方向，因此必须找到满足需求的途径，并且发挥教育资源的效率和针对性。互联网和学习平台模式，该模式为社区成人自学提供了最自由的空间，同时利用正规大学、学院的教育资源，借助网络不断拓展其生存领域和资源空间，把学历教育以更便捷的方式推向大众。成人教育发展同样需要以网络为载体，将知识、娱乐、技巧等呈现给那些有需要的成人。随着经济和社会的发展，社区教育的领域必然会不断扩展，社区成人教育的体系也会不断壮大和完善。

第四节　现代成人教育的创新模式分析

随着计算机和网络技术在成人教育中的迅速应用，成人教育教学手段的现代化极大地改变了传统成人教育模式，激发了成人学习者的学习积极性，提高了成人教育的教学质量。特别是基于互联网的在线教育与传统成人教育的融合发展，构建了一种新型的成人教育模式，成为成人学历教育、继续教育和终身学习的主要手段。

一、现代成人教育的创新模式及特征

传统成人教育模式注重理论教学，实践课时比较少，特别是在教学方法上采用集中面授形式，难以激发成人的学习兴趣，不能满足成人的职业需求。因此，为了弥补传统成人教育模式的不足，各级教育机构应对传统成人教育模式进行改革，使其发展为满足现代成人受教育需求的教育模式。

现代成人教育模式是将传统教育与在线教育相融合的教育教学模式，这种模式的特征主要表现为以下四个方面。

第一，两种教学模式的融合，即学员通过互联网获取教学资源，了解教学要求，在网上进行师生互动和交流，完成学习任务。通过两种教学模式的融合，既解决了学习时间与工作时间的冲突问题，又建立起师生之间的情感纽带，极大地激励了成人学员学习的热情。

第二，两种教学管理机制的融合。成人教育机构通过互联网对学员进行教学指导，对学员学习的进度、作业完成情况进行辅导，改变传统教学管理必须直接面对面监督的状况，这既节约了管理机构成本，又使成人学员可以通过自我约束，自由支配自身学习的时间。

第三，两种教育理念的融合。通过在线教育能够使受教育的成人学员改变学习观念，将接受教育的过程看作是自己提升自身能力的重要过程，从而打破受教者被动接受教育的僵化过程。

第四，两种教学观的融合。将传统成人教育注重理论教育的教学观与在线教育注重实践教育的教学观相结合，让成人学员通过学习，既能够提高自身理论素养，又能提高自身的实践能力。

二、现代成人教育创新模式的优化

（一）加强现代成人教育理念

21世纪的现代成人教育新模式，要求成人教育机构必须既重视科学技术、科学方法在成人教育教学中的应用，又强调以人为本的教育理念，将"重视成人、理解成人、尊重成人"的理念贯穿教育教学的全过程。要求成人教育机构的工作人员必须懂得基于互联网的教育内容和教学方法，促进成人继续教育技术手段的更新，而成人继续教育的发展也需要现代教育技术，特别是网络教育技术发挥其作用。同时，成人教育机构的工作人员要深刻理解现代成人教育新模式的内涵及其特征，将现代成人教育新模式的精髓充分应用于成人教育教学的每个环节、每个阶段，使成人学员在学习过程中既能感受到现代教育手段带给他们学习上的进步，迅速获得理论知识和实践经验，又能通过学习提高成人学员生存和发展的能力，从而提升自身精神文化品位和提高生活质量。

（二）注重远程设备的使用效率

远程设备的熟练使用对于现代成人教育新模式在成人教育教学中的贯彻实施意义重大。因此，成人教育机构在成人学员的整个学习过程中，必须加强对成人学员计算机技术和互联网技术的培训和指导。首先，成人教育机构要制定详细的培训计划和内容，通过理论讲解和现场实操，使成人学员熟练掌握计算机操作系统、办公软件、网络应用等知识，做到"边工作、边学习、边适应"，工作学习"两不误、两促进"，达到符合信息化条件下成人继续学习的要求。其次，成人教育机构要加强对成人学员利用远程设备学习的监督，使学员能够自主运用远程设备。最后，成人教育机构要通过解疑释惑，师生互动，提高学员使用远程设备的效率。

（三）丰富成人教育的教学资源

网络教学资源非常丰富，获取这些教学资源也非常方便，各种教学资源的搜索需要有一定的技巧和方法，如果能够有效掌握这些搜索资源的技巧，成人学员的学习将更加得心应手。然而，很多成人学员忙于工作，没有时间搜索与专业相关的学习内容，这就要求成人教育机构必须及时、准确地将与学员学习有关的教学资源进行收集整理，使学员能够毫不费力地利用图书馆、数据库、参考资料网站等进行学习。另外，成人教育机构还应邀请专业人士、专家等及时将最新的研究成果传输到成人教育机构网站，使学员能够了解到本专业最新的理论和实践知识。[①]

（四）提高管理人员的业务素质

提高成人教育管理人员的业务素质是优化现代成人教育新模式的重要手段。不论是强化现代成人教育理念、加强远程设备使用效率，还是丰富教学资源，都需要成人教育管理人员提高自身认识、能力和素质。因为在成人教育发展过程中，作为教学活动的直接组织者与管理者的教务人员，在教学组织过程中起到重要作用。

首先，成人教育机构应强化成人教育管理人员的管理能力，这就要求成人教育管理人员需要掌握现代远程教育的技术手段、工作流程、教学方案和规章制度等，以便对成人学员的学习过程进行有效指导。

其次，应强化成人教育管理人员以人为本的服务意识。成人教育管理人员的工作本质是为成人学员服务，为他们提供良好的学习环境和条件。因此，成人教育机构需要对成人教育管理人员安排教学进程、对教学过程的监督、科学管理学籍档案和严格考试等能力进行教育和培训。在这一过程中，成人教育管理人员不能只是对成人学员进行严格控制，而是要设身处地地理解学员的困难，为他们提供服务。

最后，应强化成人教育管理人员的创新能力。计算机技术和互联网技术正处于迅速发展的时代，因此，成人教育管理人员必须紧跟时代步伐，积极学习新技术。否则，一旦成人教育管理人员掌握的技术落后于当下的新技术，那么就不能适应现代成人教育新模式要求。

总之，成人教育机构必须要将提高成人教育管理人员的业务素质作为一项重要的核心任务。

[①] 王霞．现代成人教育新模式的挑战与对策［J］．新教育，2017（14），70-72.

■ 第三章　成人教育过程管理与组织创新

第一节　成人教育的决策与计划管理

一、成人教育的决策管理

（一）成人教育的决策分类

成人教育决策可从不同角度划分为多种类型，其中最有价值的当属以下三类。

第一，按决策范畴划分，成人教育决策分为宏观决策、中观决策和微观决策。宏观决策是关系较大社会范围的一定时期内成人教育运作的总体方针。中观决策是部门、行业、系统、地市等在一定社会范围的较长时期内成人教育运作的指导方针。微观决策是具体管理部门、办学主体成人教育运作的指导思想。[①]

第二，按决策形态划分，成人教育决策分为程序化决策与非程序化决策。程序化决策是针对反复出现的问题，按照早已规定的程序、处理方法和标准等作出的决策；非程序化决策是针对新情况、新问题，由决策主体随机作出的决策。程序化决策科学、规范、简便，但只适用于例行公事的处理；非程序化决策更强调决策主体的分析判断能力和开拓创新能力，所以往往蕴含着一定的风险。二者分类使用、恰当结合，可以使成人教育的决策更有效率。

第三，按决策性质划分，成人教育决策分为确定性决策与非确定性决策。确定性决策是决策实施后只可能出现一种后果的决策；非确定性决策是决策实施后可能产生多种后果甚至不可预测风险的决策。确定性决策比较保险，但决策主体需要对决策问题的性质、状态、条件、结果等有较清晰的把握；非确定性决策适合处理比较复杂的问题，其开拓性、创新价值突出，但是难以预见后果，风险较大。

（二）成人教育的决策过程

成人教育的决策过程是决策主体对成人教育发展方针的逻辑分析、综合判断与科学制定过程，是对成人教育运作策略、方式的选择过程。

---

① 柳士彬，朱涛．现代成人教育管理［M］．中国人民大学出版社，2014：142-171.

1. 明确决策范畴

决策过程一启动，决策主体需从三个方面明确成人教育决策的目标指向。首先要明确决策范畴，即为哪个范畴的教育行为进行决策，明确是为全国的、省市的、部门的、企业的、社区的还是具体组织的成人教育进行决策，决策范畴要与决策主体的身份相称；其次要明确决策时段，即为哪个时期的教育行为进行决策，在难以预见决策终止时间的情况下，至少要明确决策实施的起始时间；最后要明确针对类型，即为哪种类型的教育行为进行决策。成人教育是多种教育的组合体，不同序列、层次、形式的成人教育之间存在着显著差异，有着不同的运作规律，决策依据、决策取向等也都大不相同。

2. 分析决策信息

决策过程既然是关于行动方针、运作方式的逻辑分析和综合判断，那么就要详尽、准确地获取各类信息。成人教育决策至少需要获取三类信息。首先是决策对象的基本情况，包括其成人教育工作经历、现实状况、资源投入状况、水准成果效益及所处社会环境、对外交流合作等信息。其次是决策对象存在的问题，这是成人教育决策需要重点关注的信息，如决策对象在成人教育运作中遇到了哪些困难；成人教育主体自身出现了哪些问题；这些问题的致因、危害如何等。最后是与决策指向相关的信息。

3. 选择决策方案

决策的关键在于选择，选择的前提是有多种备选方案。成人教育决策要完成关键性的方案设计步骤，必须抓好以下三个环节：一是问题诊断，要认真分析决策对象所存在问题的性质、原因、症结、发展趋势等；二是学习借鉴，前车之鉴对避免重蹈覆辙、开拓创新有事半功倍之效；三是多方设计，可以从不同角度切入，提出不同设想，也可以从不同价值追求入手，搭建不同构思。

4. 进行决策抉择

决策抉择是成人教育决策过程最后也是最重要的一步。决策抉择包括以下三个环节。首先要进行方案评价，组织相关专家、管理人员、基层工作者对多种设计方案进行分析评价，评价可以从方案的科学性、创新性、可操作性、社会效益、经济效益、风险规避等角度入手，评价越充分，抉择越准确。其次要进行方案选择，由于任何事物的发展都不可能存在万全之策，所以决策时往往只能选择相对令人满意的方案。最后要进行方案调整，选定一种方案后，可以吸收其他方案中可兼容的优点和长处，同时吸收方案评价过程中的合理意见，对所选方案进行补充、完善，使得成人教育决策更加科学、合理。

（三）成人教育的决策方法

成人教育的决策方法因决策类型、决策思维运作过程、决策目标、决策依据不同而互不相同。成人教育决策方法多种多样，比较常用的有以下六种。

第一，理性研讨法。理性研讨法是指通过深入的逻辑思维、科学分析，寻求解决问题方案的决策方法。这种方法特别强调研究者的理论素养和探究精神，特别注重在研究过程中其逻辑推理是否严密、批判思维是否有力、思考是否具有创新性。

第二，实践探索法。实践探索法是在成人教育实践中发现问题、分析问题、寻求对策、实验运作并调整完善的决策方法，这种方法简便易行、机动灵活，尤其强调细致观察、敏锐反应、大胆实践、及时调整，而积累经验对于这种方法的运用来说更是至关重要的。

第三，参考借鉴。参考借鉴法是学习、借鉴先进国家、地区、部门、单位成人教育成功运作的决策经验，结合决策主体的实际情况进行决策的方法，这种方法着重考察经验来源地与借鉴决策地基本情况的相似性，二者之间相似度越高，决策效果便越好。

第四，比较创新法。比较创新法是对不同类型的成人教育决策进行比较，分析其决策依据、过程、效果的异同，结合决策主体情况制定创新决策的方法。

第五，数学模型法。数学模型法是针对决策目标确定相关因素，分析相关因素间的因果、数量、计算等关系，建立相应的数学模型，通过运算制订成人教育决策的方法，这种方法能够最大限度地控制主观因素对决策的影响，特别强调数学模型的科学度和调研数量的精确度。

第六，加权评分法。加权评分法是在对多种备选决策方案进行抉择时，通过加权评分选择最优方案的决策方法。在操作时，将设计方案分成若干项目，根据各项目的重要程度加减权重、设立分值，然后由决策群体成员逐项打分，通过统计按总分高低确定优选方案。这种方法简单易行，也比较公平，但强调分项加权评分的科学性，所以对"评选分值体系"的设立要求较高。

二、成人教育的计划管理

（一）成人教育计划的分类

成人教育计划多种多样，可按不同标准进行分类。其中，比较常用且较为重要的成人教育计划有以下三种类型。

第一，不同范围的计划。按执行范围划分，成人教育计划分为国家计划、单位计划以及介于二者之间的地区、系统计划。

第二，不同时段的计划。按适用时期划分，成人教育计划分为长期计划、中期计划和短期计划。长期计划是远景式发展的战略性部署，适用期在 10 年左右；中期计划是阶段性发展计划，适用期在 5 年左右；短期计划是近期工作的具体安排，适用期在 1 年左右。

第三，不同性质的计划。按内容涵盖划分，成人教育计划分为综合计划和专项计划。综合计划是各类成人教育协调发展的整体计划；专项计划只涉及某一类型、某一方面成人教育工作的安排与筹划。

（二）成人教育计划的制定

第一，成人教育计划的制定需要与经济社会发展需求相适应。成人教育是与经济社会发展关系最为密切的教育类型，能否及时觉察经济社会发展的新动向，随时了解产业发展、社会发展的新需求，准确把握不同成人群体在不同时期的学习需求，是决定成人教育能否生存发展的根本。所以，制定成人教育计划首先要准确把握、科学预测经济社会发展对成人教育的要求，制定出能及时甚至超前为经济社会发展提供人才支持的计划。

第二，成人教育计划的制定需要与成人教育发展决策相协调。决策是运作依据，计划是实施方案。计划的功能是使决策确定的行动方针、运作方式转化为可用数量表述、可以阶段控制、可凭举措实现的运作过程。正是通过成人教育计划的制定、执行、检查、调整，成人教育决策才能变为现实。所以，成人教育计划的制定必须与其决策保持方向、目标的一致。

第三，成人教育计划的制定需要实现成人教育自我控制和约束。成人教育与社会的联系异常广泛，随时会受到经济社会因素的影响，而且要协调处理与其他各类教育之间的关系。因此，为了保证自身的稳定健康发展，成人教育必须做好自我控制和约束，而计划正是实现成人教育自我控制和约束的重要手段之一。成人教育计划的制定除落实成人教育决策外，还要严格执行其他相关政策，依法运作，以确保对自身行为的控制和约束。

（三）成人教育计划的构成

1. 成人教育计划的内容

成人教育计划通常由计划目标、计划依据、具体指标、工作步骤、措施分工、进度要求等内容构成。计划目标包括背景、现状、要求及目的；计划依据包括成人教育决策及有关政策、指示；具体指标是指细化的具体数量目标；工作步骤是指工作阶段、进程设计；措施分工包括人力调配、组织协调、方式手段、物力财力安排、思想后勤保障及具体责任落实等；进度要求则强调完成时限和质量标准。

2. 成人教育计划的逻辑构成

从逻辑构成看，成人教育计划包括三个部分：做什么、怎么做、做到什么样。"做什么"要求目的明确、任务清楚、指标确切；"怎么做"要求步骤得当、办法具体、措施有力；"做到什么样"要求质量标准规范、完成时限合理。专项计划直接按上述逻辑构成安排结构；综合计划包括若干工作方面，一般先按工作方面划分部分，各部分再按上述逻辑构成安排结构。

3. 成人教育计划的书面形式

成人教育计划的书面表达包括标题、前言、主体、结尾四个部分。标题构成包括：制定单位名称、适用时期、计划项目、计划类型。计划类型可以根据计划的不同特点，用"打算""安排""设想""意见""要点""方案""规划""纲要"等加以区别。前言要说明制定计划的原因、依据、总目标。主体要详细交代具体任务、数量指标、办法、措施、步骤、时限、效果等，可以根据需要采用陈述式、条项式、表格式或混合式写法。结尾用简短结语收束或自然收束。

（四）成人教育计划的实施

第一，成人教育计划的落实。在成人教育计划制定以后，计划的落实就成了工作的重点。在此过程中要特别注意：统一思想，使各级各部门全体成员认同计划、协调步调；了解运作，使各级各部门全体成员对计划分工、步骤、措施、办法有清晰的把握，为此，一些大型计划还需要制定"实施细则"；落实责任，成人教育计划的任务、指标、要求一定要层层落实到各部门、各岗位，使成人教育计划实施真正落到实处。

第二，成人教育计划的推进。成人教育计划的推进要注意把握：统一指挥，这是保证计划有序推进的前提；程序化运作，计划一旦下达，便要坚决按预定程序执行；协调推进，计划的实施往往是整体相关、环环相扣的，所以各部分的密切联系、相互配合极为重要。

第三，成人教育计划的检查。保证成人教育计划的顺利实施，还要重视检查：过程检查，在计划实施的每一个步骤、每个一阶段，都应采取恰当的方式对有关情况进行检查；问题检查，要及时发现问题、摸清情况、分析因果、寻找对策；成果检查，对于前期成果、阶段性成果及最终成果，要及时进行检查评估。

第四，成人教育计划的调整。若要调整、变更成人教育计划，必须基于重要原因或充足理由：原计划制定时的社会背景、外部环境和基础条件等发生了重大变动，如普通高校大幅扩招对成人高等教育计划产生了重要影响；中央或上级主管部门的成人教育政策有了调整，下级部门、基层单位的计划不得不随之变更。

第二节　成人教育的组织领导与评估管理

一、成人教育的组织领导

组织，是使分散的人或事物系统化、整合化，以形成凝聚力量；领导，是使行为方向明确化、集中化，以追求行为顺畅。组织与领导相结合，便成为行为运作的总调度。组织、领导能力的强弱、水平的高下决定着决策落实、计划实现的可能与效果，因此，成人教育管理必须要求组织有序、领导有方。

（一）成人教育的组织活动

"组织"作为动词，是指安排分散的人或事物使其具有一定的系统性和整体性。要从事成人教育组织活动，必须从组织准备和组织运作两方面着手。

1. 成人教育组织准备

（1）成人教育组织建设

进行成人教育组织工作，必须建立健全成人教育组织机构。成人教育组织机构要想进行成人教育活动，承担起促进成人教育科学发展的重任，必须强调组织建设的以下五个方面。

第一，自立化。成人教育不仅与基础教育、职业技术教育、普通高等教育同样重要，而且在构建我国全民学习、终身学习的学习型社会进程中承担着相对繁重的任务。当然，由于传统观念、习惯和社会偏见的共同作用，当与基础教育、职业技术教育、普通高等教育共处时，成人教育往往被淡化、替代、合并或分解。特别是由于目前教育管理机构的设置，成人教育的组织管理职能往往被肢解、取代，严重影响了成人教育的发展。所以，要保证成人教育组织运作的顺利进行，必须建设专门的成人教育管理组织机构。只有机构自立、专人专管，才能使成人教育的地位、权益、资源得到保障，才能推动成人教育的科学发展。

第二，专业化。成人教育是传统学校教育向终身教育发展的一种新型教育制度。新型教育制度的出现代表着新的教育类型、新的社会教育范畴以及新的、专门的教育理论和教育技术，也代表着从业者需要接受新的教育培训，具备新的职业责任与道德操守，成为新型教育制度的维护者、新教育类型的运作者。换言之，成人教育组织机构应该由专业化的成人教育工作者组成，即使是从其他岗位调入的人员，也要尽快实现成人教育专业化。

第三，科学化。成人教育组织内部每个部门、每个岗位的设立都要科学、合理、精简；每个职位的职务、权限、责任、工作内容以及与其他职位的关系等都要有明确的规定。组织内部要进行周密的专业化分工，每个成员都要承担专门工作，履行专门职责，并与其他成员通过约定关系进行有机合作。这种分工合作不应出现职责的重叠或脱节，不能造成组织成员之间的责任推诿或相互抱怨，必须保证组织机构的顺畅连接和高效运转。

第四，协调化。成人教育是一种社会性的教育。一方面，它与经济社会发展有着最紧密的联系；另一方面，它与成人的生存发展需求有着最直接的关系。同时，成人教育又需要政府部门、教育主管部门、办学主体、成人生活社区等多方配合才能有效运作。所以，成人教育组织机构的建设一定要注意与经济社会发展、成人学习需求、社会各界关系相协调，一定要强化组织的内外协调能力和每位成员的社会交往能力。

第五，学习化。成人教育组织要不断发展，就必须实现由传统型组织向现代型、学习型组织的转变，因此，不断学习便成为成人教育组织加强自身建设的必然要求。成人教育组织需要更新学习理念、营造学习氛围、组建学习团队、共设学习目标、精选学习内容、优化学习方式、激发系统思考、创建组织文化、增强组织认同，要不断提高组织素质，努力实现自我超越，使成人教育组织与时俱进，这样才能使成人教育事业不断巩固、发展、壮大。

（2）成人教育的组织原则

成人教育组织是成人教育运作过程的管理手段。为追求高效运作，成人教育组织也必须遵循一定的原则。

第一，教育组织的科学性原则。我国地域辽阔，经济社会发展很不均衡。成人教育的对象因地域、民族、经历、职业等不同而呈现出巨大差异，不同社会群体的学习需求、基础、条件、能力等也各不相同，这些特点与普通教育的对比明显。所以，成人教育必须因地制宜、因人而异，其规划、组织、运作必须有明确的针对性，必须实事求是，贴近实际，讲究科学性、合理性。

第二，教育服务的开放性原则。在现代文明社会，接受教育已经成为公民求生存、谋发展的基本人权，为每个成人提供尽可能周到的教育服务已经成为成人教育义不容辞的责任。成人教育应该尊重每个成人接受教育、实现自我发展的权利，不再人为设置经济的、智力的、年龄的障碍，公平地向所有具备学习能力、有学习要求的成人开放。

第三，教育管理的灵活性原则。成人是社会劳动、社会生活的主体，在身兼数任的同时参加学习，当然不可能像青少年一样目标、精力集中，所以，各级各类成人教育管理应该突破传统学校的管理模式，进行灵活的教育管理，为成人创造便利的学习条件，使学习者能随时加入、暂停、退出。

第四，教育目标的自主性原则。成人一般具有较为成熟的学习心理、较为明确的学习目标和较为清晰的学习选择，所以，在成人教育组织工作中应该承认成人学习者的主体地位，充分尊重学习者对学习目标、学习内容、学习方式、学习进度等进行自主选择的权利，尽可能满足成人的学习要求和兴趣，为学习者天赋、潜能的充分发挥提供支持。

第五，教育进程的持续性原则。成人教育是终身教育最重要的组成部分，离开了成人教育，终身教育的一大半就要落空。正因为如此，成人教育的组织运作必须强调持续不断地进行。成人教育要努力为学习者提供伴随其一生、多次叠加的教育服务，即有阶梯性、不间断的教育服务，努力满足学习者在不同人生阶段多层次、多方面、多内容的教育需求。

2. 成人教育组织运作

（1）成人教育的生源组织

生源组织是成人教育组织运作的第一环节。自中华人民共和国成立以来，我国成人教育的生源组织基本上采用一种硬性计划的方式，这种计划式生源组织又分为两种：一种是"普教式"，即套用普通教育生源的组织方式，通过入学考试招收学员，如成人高等学历教育的生源组织就是采用这种方式；另一种是"行政式"，即由各级政府或各行业部门运用行政手段制定计划、下达指标、组班施教，干部教育、行业培训多采用这种方式。

（2）成人教育的管理组织

成人教育的管理组织涉及采取何种组织形式进行有效管理的问题。成人教育的社会式管理具有较大的弹性，一般采用"注册式"管理，推行一系列便于学员进入、退出及中途停学的管理办法，给成人学习提供更多的方便和回旋余地。目前，社会式管理主要用于各类非学历教育，特别是社会培训、社区成人教育等，而由学校举办的成人学历教育也越来越多地借鉴社会式管理的成功经验。

（3）成人教育的教学组织

教学组织是成人教育运作过程中改革幅度最大、成效最显著的环节。在专业设置与教学大纲的制定上，要紧密结合经济社会发展的紧缺专业人才需求以及成人学员追求自我发展的智能学习需求进行改革，从而较好地解决"学"与"用"脱节的问题；在课程内容的安排上，要由普教教材的"套用""移植"转向根据经济社会所需、学员素质提高所求快速更新课程内容，不少教育主体还将传统的"配餐式"教学转变为"菜单式""自助餐式"教学，给予学员更多自主选择的机会；在教育方式的改革上，要由传统课堂教学为主转向广泛采用互动式、案例式、研习式、讨论式、参与式、模拟式等更适合成人学习特点的方式；要进行教育技术的创新，告别粉笔、黑板等传统教学手段，运用广播电视、录音投影、计算机网络、多媒体教学、虚拟课堂、虚拟院校等电子化、信息化手段实施教育和培训。

（4）成人教育的实践组织

实践环节是成人教育组织运作的重要内容。成人教育的实践组织一般采用以下三种方式：一是传统教育常用的"学习—实习"方式，即在理论学习结束后，集中一段时间进行毕业实习，该方式常见于学校成人学历教育中；二是"边学习边实习"方式，即学习、实践同时进行，适用于夜大学、双休日学习、远程教育等；三是"三明治"方式，即按照"学习—实习—学习"方式交叉安排理论学习与实践操作。总之，成人教育的实践组织必须目的明确、要求具体、检查到位，使教育实践真正有利于学习成果的巩固和转化，而不是走"过场"。

（5）成人教育的考核组织

成人教育的考核组织要突破以往那种"抄条条、背条条、考条条"的考核方式，并进行变革：在考核内容设计方面，要坚持基本理论、创新思维、实践能力三者并重。在考核方式方面，要尽量利用国际、国内现有的标准化考试（如颁发国际通用证书的各种职业资格、行业技术考试，我国的外语等级考试，全国统一的律师、会计师、营销师、项目管理师、电子商务师、物业管理员等数十种国家职业资格考试）进行考核，如果无法实行标准化考试，则要尽量利用现场考核、职场考核、电子模拟考核等方式，强化理论与实践相结合，与成人学习的特点相适应。

（二）成人教育的领导能力

"领导"作为动词，指率领并引导。强化成人教育的领导，就要从领导理念、领导方式和领导艺术的优化三个方面着手。

1. 成人教育领导的教育理念

新的理念形成新的思想，新的思想指导新的实践。作为成人教育的领导者，要以先进的思想指导成人教育运作，就必须具备新的教育理念。新的教育理念主要包括以下几个部分。

（1）"大教育"理念

在现代社会中，诸如职业教育、继续教育、老年教育、企业教育、农民教育、社区教育、远程教育、全民教育、终身教育、学习型组织、学习型社会等新思想和新形式层出不穷，成人教育的领导者应该清醒地认识到上述教育形式共同的交叉范畴便是"成人教育"。换言之，上述种种教育的全部或主体部分均属于成人教育范畴。因此，成人教育领导者必须形成融汇各类教育于一体的"大教育"理念，并将其与"形成全民学习、终身学习的学习型社会，促进人的全面发展"的宏伟目标紧密联系起来，而不能将自己局限于某一狭隘的领域坐井观天、不思进取。

（2）教育服务理念

从1980年代开始，教育界就开始对传统教育"标准化批量生产"、教学"往往成为阻抑'人'的生命活力的'人工窒息机'"的状况进行深刻反思，与此同时，以"以消费者为中心"和"质量的持续提高"为核心的全面质量管理思想进入教育领域，这两种思想的耦合催生了教育服务理念。目前，该理念在国际上已普遍流行并成为发展趋势。教育服务理念认为，教育即服务，学习者是教育最主要的服务对象，教育必须以学习者为中心，推行人性化、个性化服务。

（3）教育产业理念

虽然我国理论界对教育是"事业"还是"产业"争论不休，教育主管部门坚称"教育不能搞产业化"，但非公益性教育作为产业却是国际社会的共识。对于成人教育，除特殊群体教育等公益性部分外，要承认其主体部分的准公益性和私益性，积极培育成人教育市场，鼓励成人教育通过市场运作配置资源，这些也是成人教育领导者所应该承担的重要职责。

（4）民主治教理念

在现代社会中，民主化已经成为现代教育的核心价值观，可以用"机会均等、共同参与、平等对话、协调发展"来概括教育民主化的丰富内涵。其中，机会均等是指尊重和促进每个学习者在教育起点、教育过程和教育结果三方面的教育公平；共同参与是指社会各界、教师、学习者均享有教育政策的参议权、教育管理的参与权、教育运作的知情权；平等对话是指领导者与教师、教师与学习者之间应该建立平等对话关系，领导者和教师都应转变为引导人、设计人、主持人和协调人；协调发展是指成人教育在社会各界的协同下，在领导者、执教者、学习者的协作下健康发展。成人教育的领导者具备了民主治教理念，就会匡正其领导作风，赢得广泛支持。

2. 成人教育领导方式的类型

现行的和预期的成人教育领导方式，主要有以下四种类型。

（1）计划执行型领导方式

计划执行型领导方式是一种传统的成人教育领导方式。领导者按照上下级隶属关系，根据本部门的职权责任，逐级分解、落实上级下达的计划、任务，忠实地履行自己的职责。这种领导方式强调"制度"和"纪律"，具有较高的运作效率，下级领导也不用承担过多的责任和风险。

（2）市场导向型领导方式

市场导向型领导方式兴起于20世纪80年代后期的"职业资格证书"教育以及1990年代初上海、天津等地的"紧缺人才培训工程"，这种领导方式突破了计划体制的束缚，以经济社会发展的人才需求以及成人发展的学习要求为导向，强调"实用"和"有效"，具有较强的针对性，也使成人教育办学主体获得了良好的经济效益和社会效益。同时，这种领导方式也需要成人教育领导者开展更多的咨询和调研，承担更多的责任和风险。由于市场导向型领导方式与社会主义市场经济体制相适应，而且具有强大的生命力，所以，各类成人教育甚至成人学历教育都在逐步采用这种领导方式。

（3）超前开拓型领导方式

超前开拓型领导方式是根据教育周期的特点和必要的人才储备需求而提出的一种成人教育领导方式。从本质上而言，超前开拓型领导方式也属于市场导向型领导方式，但二者也有明显区别。市场导向型领导方式一般只是根据当前现实的人才市场需求和人才结构状况决定人才培养的质量和规模，结果往往导致人才质量和规模滞后于社会人才市场需求。超前开拓型领导方式则是根据经济社会发展趋势，着眼于未来（三五年甚至七八年）人才市场的可能需求和人才结构状况来确定人才培养的质量和规模，而这一人才质量和规模恰好与未来的人才市场需求相适应。显然，这种以较强的预测能力为前提条件的超前开拓型领导方式，是使成人教育运作立于不败之地的最佳领导方式。

（4）交流协作型领导方式

交流协作型领导方式是顺应我国经济社会对外开放要求，坚持以开放促改革、促发展的成人教育领导方式。首先，这种领导方式要求加强国内交流协作，成人教育主体要加强与政府组织、行业企业、城乡社区、科研机构、社会团体、院校甚至办学个体的交流协作，开展多层次、多领域的教育交流合作，互补长短，共求发展；其次，在可能的条件下，积极开拓中外教育交流合作渠道，探索成人教育的科学研究、资源开发、合作办学等，通过交流合作，借鉴国外先进的教育理念、教育经验，促进我国成人教育的改革发展，提高我国成人教育的水平和竞争力。这种方式对领导者的眼界、胸怀、胆识、能力有极高的要求，也是锤炼、造就新时代成人教育家的最佳方式。

3. 成人教育领导艺术的特征

成人教育的领导艺术与一般领导艺术有相通之处，也有需要特别强调的独特之处，具体表现在以下四个方面。

（1）领导思想善于与时俱进

成人教育是与经济社会发展关系最为密切的教育类型，当前，我国正处于社会主义现代化建设时期，经济社会高速发展，产业结构不断调整，人才需求快速变化，为其提供直接人才支持的成人教育自然应该及时跟进甚至超前应对。所以，与时俱进、随机应变对成人教育而言格外重要。优秀的成人教育领导者不仅要考虑人才的培养和发展，而且要考虑经济社会的发展，还要着眼于人力资源的开发和储备，以此观察问题、思考问题，并且策划、领导成人教育。换言之，成人教育领导者只有具备与时俱进的思想观念，才有可能使成人教育保持新鲜活力，保持成人教育发展的持续性。

（2）领导智能来自广采博纳

在知识社会，成功的领导者必定是卓越的学习者。成人教育领导者能否时时、处处抓紧学习，能否广博吸纳各类信息和知识并加以科学筛选和归纳，能否及时了解成人教育的最新动态和前沿理论，能否灵活掌握最新管理科学并形成自己的管理技巧，都是决定其头脑敏钝、眼界阔狭、胆魄大小、能力高下、气质雅俗的决定性因素。

（3）领导行为敢于异思笃行

现代成人教育是一项有广阔发展前景的开拓性事业，这直接决定了成人教育领导者必须具有"拓荒精神"。一方面，成人教育领导者要有强烈的创新意识和无畏的创新精神，要善于进行创新性思考，敢于提出创新性见解，勇于进行创新性实验，努力开拓出前所未有的、与众不同的新路径；另一方面，当创新性改革设想完全确定，就要瞄准选定的目标，坚定不移地大胆前行。换言之，成人教育领导者要敢于坚持自己的教育理念，努力将自己锤炼成有作为、有个性的教育家。

（4）领导魅力在于凝聚激励

现代成人教育组织不能靠"制度＋控制"来维系，而要强调"合作＋激励"，强调组织成员全身心投入成人教育事业。为达到此目的，领导者必须善于团结组织成员，使成员凝聚成和谐的集体，齐心协力实现成人教育事业与组织成员共同发展的目标。同时，成人教育领导者还要时刻关心每个成员的不同需求，尽力帮助他们克服个人困难；要及时肯定每个成员的业绩，通过精神激励、物质激励，促进成员去实现自己的理想。换言之，只有公平待人、关心他人、帮助他人，成人教育领导者才能充分展现个人魅力，成为成人教育组织的凝聚核心。

二、成人教育的评估管理

效能即效果与功能，评估即评价与认证。效能评估是对事物功能和行为效果的价值判断。对于成人教育办学主体而言，效能评估是对其教育质量、效益贡献的评价；对于成人教育学习者而言，效能评估是对其学习经历、效果水平的认证。在成人教育管理过程中，效能评估既是对已然运作的评价、鉴定，又是对未然运作的拨正、引导，所以必须强调评估准确、认证恰当。

（一）成人教育的质量评价

1. 成人教育评价的类型

成人教育评价可以从不同角度划分为多种类型，具体类型如下。

从评价主体的角度来看，成人教育评价分为四种类型：由政府和行业教育主管部门组织的评价；由社会中介组织接受政府、行业委托组织的评价；由社会用人单位联合或独立组织的评价；由学校聘请校内外专家和相关人员组织的评价。

从评价目的的角度来看，成人教育评价分为三种类型：对评价对象整个工作或专项工作是否达到相关标准而进行的合格评价；对评价对象管理、教育、教学整体水准高下的水平评价；通过对多个评价对象的比较，选拔出整体水准或专项水准突出者以树立榜样的选优评价。

从评价性质的角度来看，成人教育评价分为三种类型：对评价对象教育资源配置状况进行的配置性评价；对教育活动的状态、质量进行的形成性评价；对整个教育活动成果和效益进行的总结性评价。

从评价内容的角度来看，成人教育评价分为两种类型：对评价对象管理、教育、教学等全部工作进行的综合性评价；对某方面、某专项工作进行的专题性评价。

2. 成人教育评价的实施

（1）评价的前期准备

评价活动的策划。评价启动前，要先对评价活动进行通盘考虑，其中需要重点明确：评价的目标，包括整体目标和具体目标；评价的类型，即从不同角度确定评价是哪几种类型的组合；评价的范围，即在多大的社会区域内开展；评价的对象，即在预定范围内有哪些具体的被评价者；评价的内容，即评价具体针对哪些方面或项目；评价的进程，即何时开始、何时结束、进程分几个阶段。

评价主体的组织。评价工作的成败优劣，在一定程度上取决于评价主体的构成和素质。在组织成人教育评价主体时必须注意：要根据评价目的、评价对象、评价内容的不同，选择相关组织或专家参与评价；要扩大主体代表范围，主管领导、教育同行、专家学者、用人单位、学员代表都应该参与评价；要特别强调独立教育中介组织或成人教育学会、成人教育科研机构等作为中介组织的参与，强调独立专家、学者的参与，力求评价的客观公正；要吸收和听取评价对象代表的意见。

评价方案的设计。评价方案的设计包括评价指标体系设计和评价实施方案撰写两项工作。评价指标体系是评价的操作依据，其设计必须分解目标、制定权重。分解目标是指根据总目标将评价内容分解为一级指标、二级指标和三级指标，并从总体上审视指标设计是否合理，是否有交叉、重叠、遗漏等情况，最后形成比较完善的评价指标系统。制定权重是指根据各项指标在评价中作用的大小设定其评价比例，通常用分值表示。评价实施方案是整个评价工作的运作指南。它必须将评价策划、主体组织、指标体系设计以及整个运作过程的考虑条理化、书面化。一般来说，评价实施方案包括以下内容：评价目的、评价意义、评价组织、评价领导、评价范围、评价对象、评价内容及指标体系、评价方法、评价工具、评价进程、评价步骤、评价效果、评价要求。

（2）评价的具体运作

选点评价实验。对于范围较大、对象较多的评价活动，应该开展选点评价实验。一是可以检验评价策划是否合理，评价指标体系设计、方案制定是否科学；二是可以及早发现评价过程可能出现的问题，研究相应对策；三是可以锻炼、培训评价主体队伍。实验评价的选点应该是具有代表性的，如果评价对象情况复杂，最好选取几个不同类型的点进行实验。

修正评价方案。在进行实验评价后，要根据发现的问题对先前的设计方案进行修改。既要对评价指标体系中的指标进行完善，对指标的权重进行适当调整，又要对实施方案中"组织领导""方法工具""进程步骤""效果要求"等环节进行修正和补充。

全面推进评价。成人教育评价在具体运作过程中要注意做好三个方面的工作：要广泛收集信息，尽可能多了解评价对象的相关情况，尽可能多听取各方意见；要认真核实资料，鉴定材料的真实性、原始性、关键性和重要性；要科学处理信息，发现各种因素的内在联系，探求本质性、规律性问题。

（3）评价的总结复查

慎重分析，形成结论。评价主体要在反复核查和认真分析的基础上形成评价结论，在这个过程中应注意三点：根据评价体验充分交流个人意见；依据指标体系逐项进行定量评价；通过充分讨论形成定性判断共识。

求实诊断，促进发展。评价主体在形成评价共识后，应该继续做好以下三项工作：根据定量定性进行分析判断，形成初步的评价结论；通过与有关方面特别是评价对象的沟通交流，对初步结论进行补充完善；根据评价结论以及评价对象的实际情况，提出可行的整改建议。

认真复核评价质量。评价结束后还必须对评价行为本身进行监督性复查，这种复查可由教育主管部门主持进行，可委托独立设置的中介机构进行，也可专门聘请其他专家和相关人士组织进行。政府或教育主管部门所选定的评价主体必须得到大多数评价对象的认可，并且评价对象要对评价主体的工作进行监督，也就是说，评价主体对评价对象进行评价，而评价对象又有权监督评价主体。有了这种闭合的循环监督回路，便可有效控制成人教育评价的道德风险。

（二）成人教育的资格认证

1. 成人教育资格认证的类别

（1）成人学历资格的认证

文凭制度是教育制度的核心，也是一个国家基础制度之一。一直以来，我国都在从严控制成人教育学历资格的认证，只有经国家批准具有颁证资格的学校和机构才能颁发学历证书。

（2）成人职业资格的认证

成人职业资格的认证情况比较复杂。首先，职业资格证书可以由部分教学质量高、社会声誉好的中等职业学校和高等职业学校颁发，也可以由政府认定的职业技能鉴定站（所）或职业资格考试机构颁发。其次，颁发职业资格证书必须依照国家职业标准举行考试。最后，职业资格认证又因为适用范围的不同，分别由不同部门进行认证，国际职业资格认证需要通过国际公认的或一些国家公认的资格认证机构进行考核和认证；国家实行就业准入控制的职业资格认证需要相关从业者通过国家职业资格全国统一鉴定考试，并由有关部门对其职业资格证书进行认证；一般职业资格认证由行业或地方劳动保障行政部门组织考核及认证。

（3）成人培训资格的认证

因为成人教育培训的运作情况差异明显，所以其资格认证情况也大不相同。目前，由领导部门组织的培训往往容易得到行业内部的资格认可，而一般培训的资格能否得到认证，则主要由用人单位来决定。

2. 成人教育资格认证前瞻

（1）三类证书制度将长期并存

成人教育三类证书及其资格认证的长期并存是由以下三个方面的原因决定的。

第一，我国成人教育的基本状况。对劳动群体进行各类教育、培训，是人类社会史上空前宏大的工程。显然，这种大规模、多层次、多类型、多样化的教育培训，仅靠单一的证书及认证制度是无法实现的。

第二，我国的人才结构要求。保证各行各业、各种层次的人才需求，保证整个社会的和谐运作，既需要优秀的高级管理人才、顶尖的科技开发人才，也需要中级专门人才、高级专门人才、高新技术应用人才，还需要高素质的普通劳动者。正是因为不同层次人才的智能素质要求、教育培训需求各不相同，教育培训效果区别显著，所以也就不能用单一规格的认证制度及证书对人才进行认证。

第三，我国成人教育和职业教育的政策。三类证书及其认证制度经过多年实践，最终经国家最高权力机关审定并以法规形式予以发布。一方面，三类证书及其认证制度扎根于广袤而肥沃的实践土壤，符合社会主义初级阶段的国情，因此具有强大的生命力和存在价值；另一方面，作为国家基本教育制度的组成部分，三类证书及其认证制度应该保持自身的稳定性。所以，作为我国成人教育和职业教育基本制度核心部分的三种证书及其认证制度，将会在较长时期内存在并发挥积极作用。

（2）职业资格认证将日显重要

职业资格认证在成人教育资格认证中的重要性表现在以下三个方面。

第一，人才标准将向职业能力倾斜。一方面，知识社会的到来要求人的知识和能力快速更新，因此，与只能证明以往学习经历、知识水平的学历证书相比，具有动态性、时效性的职业资格证书显然更能证明人才的能力和水平；另一方面，市场经济条件下的人才选择标准更看重人才从事具体职业岗位工作的操作能力和水平，而在这方面，职业资格认证显然优于学历证明。

第二，发达国家的先进经验。发达国家职业规范性强、劳动效率高的一个重要原因就是非常重视提高劳动者的专业化、职业化程度和水平。发达国家大都制定了完备的职业资格标准，劳动者只有通过规范的培训、严格的考试和水平鉴定，才能获取职业资格证书，就业才有"准入资格"。这种发展经验我国已在认真学习、坚持推广。

第三，国际通用资格认证备受青睐。在全球化时代，从业者只有持有国际公认或某些国家认可的职业资格证书，才能拥有从业资格。拥有国际通用的注册会计师、注册建筑师、远洋船长、远洋海员等资格证书，通过已被我国承认的英国国家职业资格项目考试（business & technology education council，BTEC）、美国注册管理会计师考试（certified management accountant，CMA）、澳大利亚公证会计师考试（certified practising accountant，CPA）等并取得资格证书，意味着拥有了广阔的择业空间、充分施展聪明才智的发展机会、优厚的待遇报酬。所以，国际通用职业资格日益受到中高层劳动者的高度重视。

（3）成人教育资格认证趋于"三化"

随着社会主义市场经济体制的日益成熟，以及人人拥有多种证书的"证书社会"的到来，成人教育的资格认证呈现出"三化"的发展趋势，具体内容如下：

第一，实证化。在成熟的识才用才机制面前，"以证取人"的情况将成为历史，用人单位将依据竞岗人试用期内的工作业绩及敬业精神、创新思维和竞争能力等情况来认证劳动者的"资格"。

第二，市场化。在"证书社会"里，证书将失去原有分量，其价值将"随行就市"，因此，通过持续学习不断提高自身素质，努力取得更高价值的教育培训证书，努力求得更高层次的职业资格认证，将成为劳动者入职的必要条件。

第三，全球化。在国际经济社会的生产、管理、研究及劳务合作竞争过程中，我国完全有必要采取多种有效措施，积极鼓励和大力支持中高级专门人才以及普通劳动者获取国际社会承认的职业资格认证，使我国公民在世界经济和人类社会发展进程中可以做出更大贡献。

第三节　成人教育的督导与激励管理

督导是指对组织运作过程的监督、指导，用以保证方向正确、工作到位；激励是指对组织运作行为的激发、鼓励，用以振奋精神、促进工作。对于成人教育管理过程而言，督导与激励承接决策与计划、组织与领导环节，为正确、高效地实施成人教育管理提供必要的保障。因此，成人教育管理必须强调督导有效、激励得力。

一、成人教育督导管理

教育督导是现代教育管理的基本制度。当今世界，大多数国家将教育立法、教育经费和教育督导视为教育行政管理的三大支柱，分别为教育提供法规、资源和运作支持。其中，教育督导是对教育实施科学管理的主要方式。①

教育督导是教育监督和指导的简称，有时也被称为教育视导，是指对教育工作进行监督、检查、评估、指导的活动。中华人民共和国教育部发布的《关于加强教育督导与评估工作的意见》（教督〔1999〕6号）对督导的性质、任务进行了界定：教育督导以教育法律、法规和方针、政策为依据，在同级人民政府的领导下，代表人民政府和教育行政部门，对下级政府的教育工作和教育行政部门的工作，对中等及中等以下学校和其他教育机构及其举办者的工作，进行督导、评估和检查、验收；根据人民政府的授权，也可以对其他教育工作，对同级政府有关职能部门依法进行督导检查。以此可以看出，教育督导是国家保障教育法律、法规、方针、政策贯彻落实的重要手段，是政府和教育行政部门实现依法治教、依法行政的主要方式之一。

成人教育是我国现代教育体系中重要的有机组成部分，也是传统学校教育向终身教育发展的一种新型教育制度，所以，成人教育的督导运作既要遵循教育督导的一般规程，又有其自身的独特要求。

（一）成人教育督导的内容

教育的督导任务如下：对下级人民政府的教育工作、下级教育行政部门和学校的工作进行监督、检查、评估、指导，保证国家有关教育的法律、法规、方针、政策的贯彻落实和教育目标的实现。教育督导的内容因督导对象的不同分为"督政""督学"两大部分。

1. 成人教育的督政

对下级政府、下级教育行政部门的成人教育工作应该从以下八个方面进行监督、指导：能否认真贯彻执行国家成人教育法律、法规、方针、政策；能否从"形成全民学习、终身学习的学习型社会"的高度认识、看待成人教育；能否在制定地方教育发展规划时考虑通过成人教育让人民享有接受良好教育的机会；能否在辖区内营造创建学习型组织、学习型社区等的"小气候"；能否通

---

① 柳士彬，朱涛．现代成人教育管理［M］．北京：中国人民大学出版社，2014：142-171.

过足够的人力、物力、财力投入，保证成人教育、培训的充分开展；能否对各种类型的成人教育、培训实施科学的引导、管理；能否通过有力的监管、控制，维护辖区内良好的成人教育、培训秩序；能否通过有效的监督、评估、指导，不断提高成人教育质量，促进辖区民众的全面发展。

2. 成人教育的督学

对中等及中等以下成人学校和其他成人教育机构的工作，也应从以下八个方面进行监督和指导：是否坚持社会主义办学方向；是否拥有坚持中国共产党领导的团结奋进的领导集体；是否具有与社会主义市场经济体制相协调的管理体制和运作机制；是否能够进行科学、严格、规范的行政和教育管理；是否拥有足够的教育资源；是否能够提供目标明确、结构合理、组织有序、质量过硬的教育教学服务；是否能够满足学习者富有个性的学习需求，促进其潜质充分发挥；是否能够依法办学、自我约束、竞争发展。

（二）成人教育督导的原则

成人教育督导应遵循依法督导与求真务实相结合、督政为主与督学为本相结合、中央督导与地方督导相结合、常规督导与专题督导相结合的原则，具体内容如下。

第一，依法督导与求真务实相结合。我国地域辽阔，东西差距、城乡差别明显，成人教育对象数量庞大、差异显著，成人教育类型众多、各具特点，这种状况与普通教育明显不同。因此，成人教育督导除了必须以教育法律、法规和成人教育的方针、政策为运作依据之外，还必须求真务实，避免简单化。

第二，督政为主与督学为本相结合。教育能否优先发展，责任首先在各级政府。所以，成人教育督导首先要对各级政府、各级教育行政部门履行成人教育职责的情况进行监督、检查、指导；同时，成人教育也要"以督学为本"，重视对各类成人教育办学主体的教育、培训运作进行督促、指导。

第三，中央督导与地方督导相结合。成人教育督导应该充分发挥中央、地方两个方面的积极性。中央督导机构负责制订成人教育督导的工作方针、政策、法规，组织国家督学对地方各级政府、教育行政部门以及部属办学主体的督导工作，并对全国成人教育督导进行宏观指导、协调；地方各级督导机构负责本辖区内成人教育督导制度、文件的制定以及对下级人民政府、有关职能部门、各类办学主体成人教育工作的督促、检查。

第四，常规督导与专题督导相结合。成人教育督导属于常规性督导，它能保证一般情况下成人教育的有序运作，但随着成人教育改革的不断深入，新情况、新趋势层出不穷，在这种形势下就需要对新的热点、焦点、难点、增长点等开展专题督导，以便及时解决问题，实施科学指导。

（三）成人教育督导的方法

1. 成人教育督导的一般方法

成人教育督导的一般方法可从不同角度进行划分，主要有以下方面。

第一，按照不同的督导对象，分为普遍督导与抽样督导。前者是对督导范围内每一个对象都进行督导，后者是在督导范围内采用抽样方法对部分对象进行督导。

第二，按照不同的督导内容，分为全面督导与专项督导。前者是对成人教育活动的所有方面进行督导，后者是对成人教育活动的某些方面、某个问题进行专门督导。

第三，按照不同的督导时间，分为定期督导与随机督导。前者是定期对督导对象进行常规督导，后者是根据实际情况需要临时安排非常规督导。

第四，按照不同的督导方式，分为直接督导与间接督导。前者是对督导对象进行实地督导，后者是采取审核材料、听取汇报等方式进行非实地督导。

2. 成人教育督导的具体方法

成人教育督导的具体方法按照其功能的不同，可分为监督方法和指导方法两大类，具体内容如下。

（1）监督方法

监督方法主要内容包括：观察法，即对督导对象进行实地巡察；参与法，即参与督导对象的教育活动；信访法，即通过接收他人来信、来访的形式对督导对象进行监督；文献法，即查阅督导对象的相关资料、档案；问卷法，即通过书面问卷的形式对督导对象进行调查；考核法，即按照预定方式、程序、内容对督导对象逐项检查；审核法，即审查督导对象的财务等。

（2）指导方法

指导方法主要内容包括：诊断法，即由督学检查、分析后向督导对象提出指导性意见；研讨法，即由督学与督导对象共同分析情况并寻求改进举措；交流法，即组织不同地区、不同情况的督导对象进行经验交流活动；学习法，即组织督导对象的代表到先进地区、单位观摩学习；培训法，即对督导对象进行专门培训。

（四）成人教育督导的要求

为保证成人教育健康发展，成人教育督导应从以下三个方面加以完善。

1. 提高成人教育督导的专门化建设

目前，从中央到地方的四级教育督导机构、网络是针对普通教育的督导机构、网络，成人教育督导不在其工作范围之中；而调整合并后的职业教育与成人教育主管机构，由于工作范围太广，以及成人教育管理职能被分解到其他职能部门后大多被"淡化"甚至"蒸发"，所以，成人教育督导处于无机构负责、无专人过问的状态。同时，从中央到地方近 4 万人的专兼职督学基本上是基础教育督导力量，与成人教育督导无关。因此，要强化成人教育督导，就要重视专门督学队伍的建设；而要保证成人教育督导有足够的人力，更要重视成人教育督学的素质建设。要通过学习、培训、实践、交流等方式提高专兼职督学的方针政策水平、教育理论素养，强化其成人教育的实践积累、督察指导能力，以形成素质优秀的成人教育督导专家队伍。

2. 加强成人教育督导的科学化建设

加强成人教育督导的科学化建设，一方面，要通过实践探索形成比较规范的督导程序，每次督导都要确定目标、明确职责、下达任务、分解项目、选用方法、收集资料、深入分析、准确评价、悉心指导、反馈检查，并在反复实践的基础上积累经验、探索规律，逐渐形成科学的成人教育督导制度。另一方面，随着现代成人教育的不断发展，传统的视察、监督、检查等手段已捉襟见肘、不足为用，因此，充分利用国内外现代教育评价技术，已经成为克服督导主观随意性的必然选择；同时，现代电子信息技术的运用，如录音录像、网络联系、计算机处理等手段，都能提高成人教育督导的效率和准确度。

3. 促进成人教育督导的民主化建设

以人为本、人格平等是当今社会的主流意识。因此，教育督导的"行政指令性"应该淡化，而代之以"业务指导性"。基于此，亚太地区一些国家已不用"督学""督导官"等职衔，而改用"教育顾问""学校组织员"等新称谓。同时，在督导过程中，督学要平等对待督导对象，广泛而无偏见地征求各方意见，仔细听取督导对象的解释、申辩，尽量争取督导对象的理解、认同，充分考虑、照顾督导对象的实际情况，最终取得既完成督导目标又促进督导对象发展的"双赢"效果。

二、成人教育激励管理

激励，即激发、鼓励。从心理学角度看，激励是通过外界刺激将原本不属于主体的思想转化为主体自觉意识的内化方式；从行为学角度看，激励是从在外界刺激作用下产生的需要出发，通过主体的主动行为对选定目标的追求过程；从管理学角度看，激励是通过外界刺激，诱导主体发挥主动性、积极性以充分释放潜能的促进手段。

（一）成人教育激励的要素

在激励过程中发挥关键性作用的基本要素有以下五种。

第一，需要。需要"意味着使特定的结果具有吸引力的一种生理和心理上的缺乏"。这种缺乏可能是单一的，也可能是多样的；可能是稳定的，也可能是变化发展的；可能是个体的，也可能是组织的、社会的，这种缺乏将促发动机的产生。

第二，动机。动机是推动人们从事某种行为的念头，是行为的内驱力。动机由需要产生，又激发、调节、控制、支配人的行为。动机是主体生理、心理需要转向实际行动的中介，又是导向行为目标的指南。

第三，行为。行为是受思想支配而表现于外的活动。行为表现于外，驱动于内，是主体由内而外的反应活动。行为既有心理行为、生理行为等个人行为，也有领导行为、组织行为等社会行为。行为是个人、组织实现目标的必然过程。

第四，目标。目标是个人和组织想要达到的境地和标准，是需要的满足、动机的指向、行为的归宿，一个目标的实现意味着一轮激励的终结。不同性质的目标可以激发出不同的需要和动力。

第五，刺激。刺激是对个体或组织施加影响以促发变化的过程。从管理学的角度看，刺激是借助于外因促使主体内部发生积极变化的复杂过程。刺激是激励的发端、驱动，激励效果的优劣与刺激的类型、方式、程度等显著相关。

（二）成人教育激励的过程

需要、动机、行为、目标、刺激五大要素发生关系的过程，就是激励的过程。一般行为过程如下：由主体的需要构成行为动机，由行为动机促发行为过程，通过行为过程实现主体的预设目标，而主体行为的预设目标又是由其"生理和心理上的缺乏"引发的某种期望，这种期望又直接决定着主体的生理、心理需要。激励过程如下：通过外部主动、有意识、有明确目的地刺激，激发主体的某种需要，进而构成行为动机、促发行为过程，最终实现预定的目标。在激励过程中，刺激是最活跃的因素，它既可从激发需要着手，又可直接作用于已形成的动机或已运作的行为或已设定的目标，对它们直接进行强化或控制，从而对行为过程产生影响。

（三）成人教育激励的原则

成人教育激励包括以下四个原则。

第一，公平性原则。成人教育管理者对下级组织及其成员的激励要一视同仁、不偏不倚。下属往往会通过与其他部门、人员的横向比较或与以前情况的纵向比较来衡量自身所受到的激励。

第二，公开性原则。成人教育管理者对下级组织及其成员的激励要面向公众、恰当宣扬。激励是对下属工作成就的认可，这种认可只有在较为公开的场合或较大范围内进行展示，才能使下属产生强烈的被尊重、被认可的满足感以及自我实现的成就感，可以极大地振奋下属的精神，最终使他们迸发出更高的工作热情和创造力。

第三，适中性原则。成人教育管理者对下属工作成就的褒扬奖励要合情合理、恰到好处。如果激励力度过小，则不痛不痒、若有若无，达不到激励的目的；如果激励力度过大，则过犹不及、难以服众，也失去了激励的意义。因此，作为成人教育重要激励方式的褒奖要慎之又慎，尽可能做到合情合理、恰到好处。

第四，规范性原则。成人教育管理者对下属的激励办法、举措要尽量规范、相对稳定。褒奖激励一经兑现，下属往往就会以此为标准调整自身行为，去争取下一轮奖励，而如果下次降低了褒奖标准，下属便会觉得受了捉弄，不仅积极性受挫，还会对领导产生不信任感。因此，成人教育激励要尽可能规范、稳定，最好是形成固定的制度，在需要调整时，也要及早征得下属的理解和认同。

(四) 成人教育激励的方法

成人教育激励的方法多种多样，最常用的有下列五种。

第一，目标激励。目标激励是一种愿景式的成就激励。目标的实现能够满足人的成就需求，使主体享受到自我价值实现的快感。目标有高低、大小、远近之分，崇高的目标是对人生的挑战，能够激发出巨大的人生潜能和行为驱动力。成人教育管理者如果能恰当设置富有感召力的奋斗目标，将会极大地激发下属的工作热情和创造精神，同样也会获得超出预期的工作成效。

第二，荣誉激励。荣誉激励是一种高层次的精神激励。荣誉是鞭策，是自律约束，是催人奋进、促人领先的动力。荣誉激励通过授予被激励者相应的称号或名誉，使被激励者得到广泛的尊重和认同，也使其得到巨大的精神鼓舞。因此，成人教育管理者应该通过荣誉激励突出典型、树立榜样，以带动更多下属学习、赶超。

第三，信任激励。信任激励是一种情感化的精神激励。运用信任激励，能够在管理者与下属之间建立稳固、持久且无私的精神沟通，能够激发下属的忠诚感和奉献精神，所谓"士为知己者死"就是信任激励的应得回报。因此，成人教育管理者应善于运用信任激励，以此来凝聚人心、鼓舞斗志。

第四，物质激励。物质激励是最基本的激励方式。物质激励能够满足人的生理需要，尽管层次较低，但依然能够发挥其他激励手段所不具有的独特作用，只不过在进行物质激励时必须坚持按劳取酬、多劳多得的总原则，在这一必要前提下，将物质激励与精神激励紧密结合、双管齐下。

第五，学习激励。学习激励是一种新型的发展性激励方式。学习激励能够为下属提供带薪脱产外出学习进修的机会并承担相关费用，这不仅满足了下属自我发展、自我实现的需求，又让其感受到管理者对自己的信任和关心。因此，学习激励是一种兼备物质激励与精神激励的激励方法。显然，如果成人教育管理者能够恰当运用这种激励方法，那么就能实现奖励下属、培育人才、推进事业的综合效应。

第四节　成人教育的学籍管理创新

随着社会经济的发展，人们对学识有了更高追求，成人教育模式逐渐进入人们的生活，对我国教育事业起到推动作用。在成人教育的发展过程中，学籍管理非常重要，主要包括：新生学籍注册，即对学员入学时的各种信息与资料进行归档整理；在校生信息变更，即对学员在校期间由于各种原因此导致的休学、退学、主观弃学等信息进行管理；学历注册，即在学员毕业时对学员的学籍审核、异常学籍处理等工作。由于当前部分学校在管理学籍时还存在不规范的地方，给成人教育在发展过程中造成了一定阻碍，不利于成人教育的发展。因此，各高校应加强对成人教育学籍管理制度的改革与创新，以促进成人教育更好、更快地发展。①

一、成人教育学籍管理的问题分析

成人教育学籍管理对成人教育的发展具有重要的作用与意义。但就成人教育学籍管理现状而言，还存在学籍管理重视不足、学籍管理人员素质低、学籍管理制度不健全等问题。

（一）学籍管理的工作难度较大

在当前成人教育学籍管理过程中，存在学籍管理工作难度大的问题。具体而言，主要体现在：招生单位在进行学员招收时，过于注重经济利益，大量招收学员，并收取高昂学费，没有考虑教学资源的实际情况，致使学籍管理难度较大；成人教育在对学员进行管理时，教学质量低下，没有真正对学员进行深造，致使学员退学、转换专业频繁，容易出现学籍管理问题；成人教育由于管理宽松，学校和学员之间缺乏有效沟通，使得信息无法及时传递，导致学员学籍管理出现问题。

（二）学员对学籍管理重视度不足

在成人教育学籍管理过程中，存在对学员主体重视不足的问题。具体而言，学员主体对学籍管理的质量有非常重要的影响。学员由于自身原因，出现报到不及时的情况，导致学籍注册不能在规定时间内完成，增加学籍管理难度。学员对信息填报不够重视或因为各种原因无法提供相关材料，注册信息不完整，影响学籍管理质量。在学籍信息管理过程中，学校与学员之间进行信息核对非常重要，由于学员的重视不足，出现各项信息核对不到位的问题，导致

---

① 杨少曼．成人教育学籍管理创新与实践探索［J］．科学咨询（科技·管理），2021（7），32-33.

信息错误，给学籍管理带来较大影响。如果学员主体对成人教育学籍管理不够重视，会出现以下三个方面的问题，使学籍管理质量不能得到有效保障。

总体而言，学员对学籍管理不够重视，主要原因是其态度不够严谨，没有明确学籍管理对自身发展的重要作用。对此，为了提高学籍管理的效率，学校必须在思想上让学员重视学籍管理。

（三）部分学员的学业变动频繁

在当前成人教育学籍管理过程中，存在学业变动频繁的问题。具体而言，在成人教育过程中，虽然学员有较多的自由时间，但是由于学员为成年人，会受到工作、社会等因素影响，因此，学员的学习时间、学习方式具有不确定性，容易出现学习变动频繁的问题，如转变专业、退学、转学、休学等，而这些变动不仅影响成人教育的教学质量，还增大了对学员学籍管理的难度。

（四）学籍管理人员的素质有待提升

在成人教育学籍管理过程中，出现了管理人员素质低下的问题。具体而言，部分管理人员素质较低，对管理工作的态度不端正，不负责任，如没有按照规范格式进行信息存档和数据整理等。

（五）学籍管理制度需要更加完善

在当前成人教育学籍管理过程中，存在管理制度不健全的问题。具体而言，我国成人教育发展时间较短，很多制度与实施措施还处在探索阶段，相关制度不够完善，具体表现在：缺少专门的学籍管理部门；缺乏专门针对成人教育工作的法律法规；成人教育招生、管理工作要求与规范尚不健全等。

二、成人教育学籍管理创新策略

为了更好地进行成人教育学籍管理，学校与相关管理人员还需要做好创新学籍档案管理意识、转变学籍档案收集模式、规范学籍档案管理方式、优化学籍档案管理队伍、重视学籍管理的宣传工作等内容。

（一）创新学籍档案管理意识

为了更好地进行成人教育学籍管理，学籍管理人员需要对档案管理意识进行创新。就当前成人教育的发展现状来看，一些学校过于重视学校的经济效益，忽视了社会效益，偏离办学宗旨与教学本质。在其影响下，学校的学籍管理人员存在管理意识淡薄的问题，如就业档案不完整、保管方式不规范等，档案管理的真实性、可靠性与权威性不能得到有效保障。

为了提高对成人教育学籍管理的质量，必须加强对学籍管理人员档案管理意识的创新与优化。一般而言，加强学籍管理人员对学籍档案管理工作的重视，让他们能够认识到学籍管理对学员未来发展的重要性，从而使他们能够认真负责地进行学籍管理工作；同时，学校要引导学籍管理人员树立科学的档案发展观念和档案服务理念，使学籍档案管理能够由传统的被动式管理向主动式管理方向转变，最大程度地满足成人教育学籍档案的信息开发、资源利用等需求。

（二）转变学籍档案管理模式

为了更好地进行成人教育学籍管理，相关部门与管理人员应该不断创新学籍档案管理模式，将传统的纸质档案收集转化为电子数字化收集。简单而言，学籍档案数字化是将学籍档案中所有的信息内容，以数字条码的形式储存于各种网络信息载体中，而这种数字化的学籍文档相比于传统的纸质学籍文档更能保障学籍信息的完整、可靠，并且数字化的学籍管理形式能够利用网络技术，打破时间与空间的限制，提高学籍档案的管理效率与质量。此外，为了更好地进行学籍档案管理，除了在收集档案信息内容时采用数字化的方法，成人教育学校还需要建立专门的学籍档案数据库，将各种学籍信息进行收集、录入与存储。

（三）规范学籍档案管理方式

为了更好地进行成人教育学籍管理，相关部门与管理人员还需要不断创新学籍档案管理方式，使学籍管理更加规范化、标准化。在学籍管理中，学历证书的电子注册工作非常重要，不仅能够让学员及用人单位查询所需的学历信息，还能够保证学员学历信息的真实与可靠。做好学历的电子注册工作，需要收集学员的各种档案信息；做好学历证书注册的规划与宣传活动，让学员能够做好信息的电子注册工作。同时，学校要对学籍档案的各种管理进行制度设立与规范，如学籍信息录入时应有统一标准，可使用统一档案管理软件进行信息录入，还应对学员在校期间的成绩、学籍异动、毕业审核等信息进行规范，从而提高学员学籍管理的质量。

（四）优化学籍档案管理队伍

为了提高成人教育学籍管理质量，相关管理部门还需加强对管理人员的培训，使管理人员的职业能力和综合素质能够满足现代化学籍档案管理需求。具体而言，学校应建立一支高素质的成人教育学籍管理队伍，必须做好人才引进工作，招聘更多专业能力强、管理能力强的复合型人才，从而保证学籍档案管理的质量；同时，学校应对学籍档案管理人员进行定期技能培训，如开展技术培训活动或者邀请专家举办讲座；加强对学籍管理人员的考察，实施有效的奖惩制度，提高学籍档案管理人员的积极性与责任意识，从而更好地保障学籍管理的质量。

（五）重视学籍管理的宣传力度

为了提高成人教育管理质量，相关部门还需要做好成人教育管理的宣传工作。目前，成人教育学籍管理问题存在的主要原因是学员、教师或相关管理人员对学籍管理不够重视。对此，相关部门应加强学籍管理的政策推广工作，学校应聘请相关专业的人才定期开展学籍管理知识讲座，使学员、教师和相关管理人员能够学习到学籍管理方面的知识，了解学籍管理的重要性；制定学籍管理宣传手册，详细讲解新生入学到毕业的具体操作流程，使管理人员和学员对学籍管理内容有详细地了解，从而更好地进行或配合学校的学籍管理工作；利用微博、微信等新媒体平台，为师生提供便捷的学籍管理咨询服务，从而完善学籍管理工作。

总而言之，在成人教育中，学籍管理是一项非常重要的工作，其管理内容包括学员从入校到毕业整个过程的各种信息资料，这对学员毕业及未来发展具有重要意义。为了能够让学员较好地完成学业和顺利地毕业，学校和相关人员需要对学籍进行严格管理与审核，并利用先进的管理技术与方法，不断提高成人教育学籍管理水平。

第四章　成人教育资源管理与科研创新

第一节　成人教育的人力与财力资源管理

一、成人教育的人力资源管理

成人教育活动是一个多重要素相互作用、相互制约的动态且复杂的过程，在人、财、物、信息和时间等要素中，人是最活跃的核心要素，人力资源水平是制约成人教育事业发展的决定性因素，因此，对人力资源的管理便成为成人教育资源管理的中心任务和首要选择。成人教育人力资源主要包括管理者、教师和学员，成人教育人力资源管理主要体现在对管理者、教师和学员的管理，管理对象的不同情况决定了成人教育人力资源管理的特殊性。

（一）成人教育管理者

成人教育管理者是指直接从事成人教育管理活动或以成人教育管理活动为主要任务的相关人员，他们是成人教育管理工作的主要力量。成人教育管理者包括核心管理者和一般管理者，对他们的管理包括招聘配置、培训开发、绩效管理、薪酬管理等，这些环节是对成人教育管理者进行管理的重要抓手。当前，对成人教育管理者的管理要着力做好以下工作。[1]

1. 从机构改革变为管理改革

当前，人们往往把成人教育管理者所在机构的改革误认为是机构改革，但从本质上而言，成人教育办学机构的转型与创新是一场管理改革，而不是一场机构改革。因为任何执行机构改革针对的核心问题就是管理的非现代性，这主要表现为：对管理不重视，管理工作缺乏现代理念，管理体制、管理机制不完善等。因此，进行改革的首要目的就是提高该机构管理工作的地位和水平，而不是仅仅在机构规模的大小、机构内部的隶属关系等问题上做表面文章。

成人教育管理者应将决策与执行分离开来，并且清楚地认识到，政策的管理与执行的管理具有不同的性质。高层管理者在从事高层管理之前必须是从事具体一线管理工作的低层管理者，因为他们既了解具体一线管理工作的现实状况，又具有一定的政策方面的经验。这种做法不仅为管理者地位的提高开辟了道路，而且改变了高层管理者仅仅具有政策咨询背景的状况。同时，高层管理

---

① 柳士彬，朱涛. 现代成人教育管理 ［M］. 北京：中国人民大学出版社，2014：31-48.

者应确保执行机构工作人员拥有所需的知识和技能，为此，除了加强一般员工的培训之外，负责人选拔应采取公开竞争的方式，注重录用具有相关经验的管理人员。

2. 推行契约化的用人机制

对成人教育管理者的管理，要在平等自愿、协商一致的基础上全面推行聘任制和人事代理制度，明确岗位职责和任职条件，签订聘用合同，引入竞争机制，普遍实施竞争上岗。同时，应逐步将人才所有权与使用权分离，把人事档案管理、社会保障收缴等事务性工作交给社会组织来管理，将单位内部人事管理的重点转向人力资源的开发。

3. 提倡"首席学习者"

首席执行官或核心领导者是成人教育办学机构的核心。为了使机构得到更好的发展，领导者要成为一个"首席学习者"，即能够带领全体员工共同学习、善于发挥组织集体智慧并且率领全体员工共筑优秀教育机构的领导者。成人教育办学机构的领导者只有从本机构面临的现实问题出发，并通过"以问题为本"的学习过程，带头转变思维方式和行为方式，机构领导者才能成为一个真正的"首席学习者"。在我国由计划经济体制向市场经济体制转轨的过程中，倡导并实施成人教育管理的"首席学习者"策略，实质上就是使核心领导者成为系统思考者、教育专家等的改善者。

4. 组建管理者标杆学习团队

成人教育管理者是成人教育管理工作的中坚力量，成人教育要想在复杂多变的外部环境中实现转型与创新，其管理者就必须保持高度的敏感性，善于"向他人学习"，不断提高自身的核心能力。当前，在我国成人教育管理过程中，组建成人教育管理者标杆学习团队，开展标杆学习活动，是管理者学习新能力的有效途径之一。成人教育管理者向标杆机构学习的基本过程如下：通过准备并确定学习主题和方向、组建标杆学习团队、锁定最佳典范机构、收集标杆学习资讯、开出"处方"并将其付诸实践等一系列规范化的程序，将本机构的实际情况与标杆机构进行比较，分析标杆机构可供借鉴的经验，并在此基础上实行改进本机构的最佳策略。

（二）成人教育教师

成人教育教师是成人教育人力资源的重要组成部分，是成人教育教学活动的实际承担者，是实现成人教育目标的关键力量。管理成人教育教师不仅要保证教师队伍的稳定性，而且要提升教师队伍的整体水平，使成人教育教师能够满足成人教育教学的需要。成人教育是一种类型独特的教育形式，成人教育学员以及成人教育任务的多样性决定了教师队伍的复杂性，教师队伍的复杂性又决定了教师管理的复杂性。

1. 成人教育教师的主要特点

成人教育的特点是决定成人教育教师特点的关键因素，对成人教育教师特点的归纳和分析能够为成人教育教师管理提供现实依据。成人教育教师在以下两个方面呈现出不同的特点。

（1）结构特点

成人教育需求的多样性决定了教师来源的广泛性，成人教育教师包括专职教师和兼职教师。从教师群体的结构来看，专职教师的数量有限，这是由成人教育的特征决定的。成人教育专业的广泛性和易变性使得仅靠专职教师无法完全满足教学需求，并且，成人教育的教学主要是在业余时间进行，如果全部依靠专职教师，必然会造成人力资源的浪费。因此，成人教育教师队伍一般是以"专职教师为骨干、专职与兼职相结合"的方式组合建立。外聘教师数量多和流动性大也是成人教育教师队伍的重要特征。另外，成人教育教师的年龄结构、学历结构、职称结构以及教学水平也都存在着巨大差异。这些都对成人教育教师管理提出了新的挑战。

（2）工作特点

成人学员来源、年龄跨度、教育背景、生活阅历以及学习需求的差异性使得成人教育教师的工作方式和工作内容极具复杂性。成人教育专职教师往往要兼顾多门课程，而且上课的时间、地点又不固定，无形中增加了许多工作量；对于兼职教师而言，由于其在本职工作之外额外承担成人教育的教学任务，所以他们的工作时间更长，工作压力更大，这对他们的体力、精力和时间等都是不小的考验。由于成人学员的学习目的和学习需求千差万别，而且他们在学习时带着许多来自现实生活的具体问题，并期望能够在学习过程中解决这些问题，而这些问题对成人教育教师而言可能是其以前从未涉猎的新课题。因此，要使成人教育教学工作真正取得成效，满足学员的学习需求，成人教育教师就必须突破普通教育的教学模式，同时构建与成人教育特点相适应的素质体系和工作体系，而这对成人教育教师工作提出了更高的要求。

2. 成人教育教师管理的实施

成人教育教师管理的实施应与成人教育的特点以及教师自身的特点相适应，主要包括以下四个方面的针对性措施。

（1）组建教师学习共同体

目前，在市场经济体制导向下的现代社会中，学员丰富多彩的个性化学习需求成为决定成人教育发展方向和运作状态的主导性力量。为了满足学员的多元化学习需求，成人教育教师必须组建跨学科的学习共同体，通过不懈地学习和真诚的合作，为学员提供优质且适宜的教育服务。组建成人教育教师学习共同体，先要在所有教师中形成一个大家共同秉持的活动范式，使教师和学员的共同发展成为组建教师学习共同体的价值依据；同时，要充分了解学员的学习需求，着力形成成人教师群体发展的合力，并采取有效的激励措施，切实提高教师发展的内在动力。

（2）实行聘任制管理

成人教育教师队伍构成的多元性以及教师的流动性，使得聘任环节尤为重要。应根据成人教育发展的需要聘用教师，综合考虑教师队伍的所需数量、年龄结构、职称结构、学历结构和学科结构等，根据教师的不同类型和特点，确定不同的聘任形式。同时，应保持教师队伍的相对稳定性，通过采取特殊的优惠政策留住优秀教师，并建立健全"教授上成人教育讲台"制度。成人教育教师的聘任包括聘用和任用两个环节，不仅要根据成人教育的现状聘用合格的教师，而且要明确教师授课及管理等任务的数量、质量与时限要求。

（3）实行绩效性考核

考核是成人教育教师管理的重要环节，考核能够为教师的培养和任用提供客观依据。由于成人教育教师的工作与普通教育教师相比具有明显的阶段性、周期性和灵活性，所以对成人教育教师的考核最好采用绩效考核的方式。具体而言，结合成人教育教师的工作特点，明确其工作目标和任务，并以此为导向制定绩效考核标准；在考核过程中应使考核标准、考核方法和考核程序符合科学性原则，以确保考核结果的准确真实；综合处理好定量与定性、结果与过程的关系；注意评价主体的多元化，在考核中充分考虑教师的意见，为教师参与考核工作创造机会。另外，还应将成人教育教师的绩效考核工作以制度化的形式固定下来，根据成人教育教师的特点进行制度设计，建立健全形式灵活、自主多样的分配机制，推行档案工资与实际收入相分离的办法，将收入情况与工作绩效挂钩，实行按岗位定酬、按任务定酬、按业绩定酬的分配制度。

（4）开展有针对性的培训

在科技日新月异的现代社会中，在知识更新速度不断加快的背景下，成人教育教师只有不断学习新思想、新知识、新技术和新方法，不断提高自身的专业知识水平和实践能力，才能真正满足成人教育发展的需求。因此，对成人教育教师开展有针对性的培训，已成为成人教育人力资源管理的重要目标。具体而言，成人教育教师培训应立足于教师自身的特点，根据成人教育发展的现实需求和未来需求，制定合理、完善的培训计划，使之符合成人教育教师成长规律和人才管理的基本要求；通过开展一系列思想、政策和人生教育活动，从终身教育的高度，改变教师对成人教育教学工作的看法，使其认识到成人教育教学工作同样是无比神圣、高尚和必需的；通过开展成人教育专业技术培训活动，让教师了解成人教育教学过程的特殊性，不断提高他们与成人教育教学的专业化水平，使其成为这项工作的行家里手；成人教育教师的培训内容应按需施教、学以致用，既要注重教师整体素质的提高，也要兼顾教师的个体成长，同时还要根据兼职教师的特点，有针对性地加强对兼职教师的培训。另外，加强成人教育教师培训基地建设，也是成人教育人力资源管理的重要举措。

（三）成人教育学员

成人教育学员是所有成人教育工作开展的出发点和落脚点，是成人教育质量的最集中体现。因此，学员管理也就成为成人教育人力资源管理的重要组成部分。

1. 成人教育学员的主要特点

作为成人教育的对象，成人教育学员是成人教育中最具决定性的构成要素，学员的特点不仅决定了教师的工作特点，而且也决定了管理者的工作特点。归结起来，成人教育学员的特点主要包括以下方面。

（1）成人教育学员的来源异常广泛

成人教育学员包括已经走上工作岗位以及需要转换工作岗位或重新就业的工人、农民、干部、专业技术人员和其他从业人员，包括已经走上工作岗位但没有完成初等、中等或高等教育的劳动者，也包括已经在职但又达不到岗位所要求的文化程度和专业水平的人员，还包括已经受过高等教育但希望接受继续教育的人员等。所有的成人群体不受年龄、性别、民族、工作性质以及已有知识水平等条件的限制，只要有学习的愿望和需求，都可以成为成人教育学员。

（2）成人教育学员之间的差异显著

成人教育学员来源的广泛性决定了学员之间具有显著的差异性。成人教育学员的年龄跨度涵盖了成人早期、中期和晚期，各个时期的学员有不同的生理、心理和社会特点，工作和生活经历以及已有知识水平千差万别、各不相同，接受教育的动机、所学课程的内容、学习的时间地点和方式以及所面临的工学矛盾等也都不一而足。学员之间的这些显著差异增加了学员群体的复杂性。可以预见，随着我国终身教育体系的不断完善以及学习化社会建设步伐的日益加快，成人教育学员之间的差异将愈加明显。

（3）成人教育学员群体心理相对成熟

成人教育学员的身心处于相对成熟的状态，他们具有较为稳定的世界观、人生观和价值观，具备较强的观察力和理解力，对于学习和管理具有独到的见解，具有强烈的以自我为中心的意识。

（4）成人教育学员个体身份的多样性

成人教育学员个体具有多重身份和角色，他们不仅承担着工作者的角色，而且承担着家庭和社区的其他多种社会角色。每一种角色都需要耗费学员的时间和精力，但个体时间和精力的总量是有限的，这会引起时间和精力在不同角色上如何分配的问题。在现实生活中，如何协调处理学习与工作、学习与休闲、学习与健康以及学习与个人发展之间的问题关系，是成人教育学员个体所要面临的、也是全社会所要关注的重要内容。

2. 成人教育学员管理的实施

成人教育学员管理的实施应与成人教育的特点以及学员自身的特点相适应，主要包括以下一些有针对性的措施。

（1）更新管理观念

成人教育归根结底是一种指向学员的教育服务，换言之，为学员提供全方位的服务应成为成人教育根本的价值追求。现代成人教育学员管理应该实现从"命令"到"服务"的根本性转变，以一种服务者的姿态重新审视和处理与学员的关系，彻底解决管理者与学员之间的问题，真正做到以学员为中心，全心全意为学员服务。传统的成人教育学员管理往往是一种后果管理，这就意味着只有当学员出现问题时，管理者才会去寻求解决问题的方法，这也只能导致学员被动地接受处分和惩罚，管理效果难以得到保障。因此，对成人教育学员的管理应树立一种预防为主的观念，及时与学员进行沟通和交流，随时了解和关注学员的思想动向和实际需求，将可能出现的问题控制在萌芽中，从而减少意外事件的发生，提高管理工作的有效性。成人教育学员管理是一项复杂的系统工程，需要成人教育系统的所有成员都要承担起管理学员的责任，而不仅仅是专职管理人员的事情。因此，对成人教育学员的管理应树立一种全员管理的观念，形成由行政领导全面负责、以专职管理人员和教师为主体、学员积极开展自我管理的新局面。

（2）完善管理制度

管理制度是成人教育管理理念、管理模式和管理方法的具体体现，根据成人教育和学员的特点，科学、合理、合法地设计与制定相关管理制度，是成人教育学员管理的一项重要举措。要对现有管理制度进行系统的梳理，解决好学员管理中存在的问题；要保证管理制度的合理性，管理制度的合理性在于得到学员的认同和满意，只有得到学员认同和满意的管理制度才算是合理有效的制度，才能得到彻底的贯彻和执行；要建立申诉制度，引入听证制度，给予学员充分发表意见的机会，将他们的意见真正融入管理制度以及管理制度的制定过程中；要按照学员个体和群体的所有特点以及成人教育的教学规律来制定和实施管理制度，以确保管理制度的针对性、适切性和有效性。

（3）改进工作方法

学员管理应由单一的说服教育转向管理方法的多元化，综合运用思想教育、心理教育、案例教育、自我教育等方法，开展对成人教育学员的管理，并在具体工作过程中注意管理的针对性，尽可能为学员提供一种与每位学员的特点相适应的个性化管理服务。学员管理不仅要注重方法的科学性，还要注重方法的艺术性，尽可能由刚性的管理约束转变为柔性的引导服务，力求通过人性化的情感关怀和激励机制实现管理目的。学员管理应注重与社区、家庭和用人单位的相互配合，根据学员的思想特点和实际困难，围绕学员在现实生活过程中所遇到并需要解决的具体问题，构建一个覆盖全社会的教育管理网络，营造一个有利于学员生存和发展的良好环境。

二、成人教育的财力资源管理

在成人教育资源的诸多构成要素中，财力资源是开展成人教育的物质基础和基本保障，直接影响着成人教育事业发展的规模和速度。财力资源的缺乏已经成为当前我国成人教育事业发展面临的主要障碍之一。所谓成人教育财力资源，是指投入成人教育领域的所有物质和资金的总和。其中，物质是财力资源的实物形态，资金是财力资源的货币形态。

（一）增加成人教育财力资源的投入力度

1. 注重社会投入

（1）重视员工培训

成人教育作为一项生产性投资，能够给企业带来无法估量的经济效益。通过企业内部的人力资源开发，能够有效提升员工的工作水平，改进工作效率，增强企业创新活力，提高企业竞争力。同时，为员工提供充足的教育培训机会，也有利于树立和改善企业的形象，增强企业对人才的吸引力。因此，很多国家的大企业都极为重视企业员工培训，政府相关部门有意把企业打造成为一个富有活力、极其灵活的成人教育投资主体。

（2）鼓励社会办学

在市场经济条件下，有需求就会有供给。面对公众日益多样化、个性化的成人教育需求，各类社会办学机构有意愿、有能力提供相应的成人教育服务。政府要调整和放宽准入政策，将数量庞大的民间资本引入成人教育领域；制定相关配套政策，对社会力量办学给予鼓励、引导和扶持，发挥财政资金的杠杆作用，如为社会力量举办的成人教育项目提供贴息贷款、无偿划拨土地或者提供低价用地、减免各种税费等；按照"公民待遇平等"原则，给予民办成人教育机构与公办成人教育机构同等的法律地位，为民办高校的生存和发展提供公平的竞争环境。

（3）增加学校收入

成人教育机构自身拥有丰富的人力资源和先进的设施设备，这些资源在一定条件下可以转化为经济收入，成为学校举办成人教育活动的潜在资金来源。长期计划经济体制下的不少成人教育机构墨守成规，在一定程度上失去了开拓进取、不断创新的勇气和魄力。在社会主义市场经济条件下，任何机构要生存和发展，都必须树立明确的危机意识和进取精神，各级各类成人教育机构也要主动扩大社会开放面，积极开展与社会的多方面合作。为此，我国要在政策层面上支持成人教育机构在国家法律政策允许的范围内扩大创收，逐步形成自我积累、自我完善、自我投入的新型机制。

成人教育机构自主增加收入的途径多种多样，开发面向企事业单位的成人教育培训项目，即成人教育机构要抓住知识经济时代企事业单位重视人力资源开发、开展服务项目外包的市场机遇，为其提供具有较强针对性的教育和培训项目，积极争取与企事业单位签订培训合同，获得一定的经费；扩大经营与服务性收入，即成人教育机构要加强与企业的深度合作，兴办产业实体，为当地企业提供技术开发、咨询、推广与转让等有偿服务；积极争取社会和个人捐赠，即成人教育机构要通过建立校友会、设立专项基金等方式广泛开展社会募捐，增加学校办学经费。

2. 激励个体投入

现代科技发展日新月异，产业结构调整速度加快，旧的工作岗位不断消失，新的就业岗位层出不穷，知识和技能的生存周期越来越短，这就要求劳动者不断更新知识和技能，以适应新的岗位需求，终身学习已经成为现代社会人们生存和发展必须具备的生活态度和生活方式。

政府部门可以制定激励个体进行学习投资的政策，并为个体的终身学习提供资金支持和保障。提供奖学金，对参与成人教育的个体直接给予资金支持；实行助学贷款政策，减轻成人学员的资金压力，如对有意参与成人教育的贫困家庭学员，允许其凭借录取通知书向银行办理小额贷款，由国家偿还贷款利息，本金也可以由学员自行分期偿还；完善税收优惠政策，鼓励在职人员开设个人教育基金账户，允许他们将工作时期所得的部分收入存入特定账户，作为其学习新课程的专用资金，对这部分资金实行免税政策，纳入个人所得税减免范畴。

（二）提高成人教育财力资源的使用效益

成人教育财力资源的有限性要求成人教育最大限度地利用好现有资源，优化财力资源配置，努力提高使用效益，为公众提供尽可能多的高质量的成人教育服务。资源配置通常是指各种资源在不同使用方向之间的分配。成人教育财力资源配置是指将数量相对稳定的成人教育财力资源在成人教育各个系统之中进行分配。宏观层次，即各级政府决策部门将有限的成人教育经费在各成人教育办学机构之间进行分配；微观层次，即成人教育办学机构将自身筹集到的成人教育财力资源投入不同的活动之中。优化成人教育财力资源配置就是将有限的成人教育财力资源科学、合理地分配到各个成人教育系统之中，使其发挥最大效益。

1. 完善成人教育财力资源的宏观配置

（1）改进拨款方式，引入竞争机制

在成人教育财力资源的宏观配置中，要改变按人头平均分配的计划经济模式，推行按日常运行拨款和项目拨款分类进行的新型拨款方式。日常运行拨款以公平为原则，宜采用公式拨款法，以成人教育机构的办学类别、学员数量等变量为依据进行拨款；在项目拨款中，各级政府决策部门要强化自身的宏观调控职能，根据成人教育改革和发展中客观存在的突出问题，瞄准成人教育改革和发展的关键领域和薄弱环节，做好成人教育发展战略规划工作；要在保证成人教育学校达到基本办学条件、满足基本需要的前提下，有选择地集中财力资源新建或者改建、扩建若干在硬件和软件方面居于先进水平的学校，着力建设一批重点示范性项目，使其在区域内发挥示范、引领和带动作用，从而提高整个区域的成人教育发展水平。

（2）健全资助制度，维护教育公平

在以人为本执政理念的指导下，在构建终身教育体系、建设学习型社会的时代背景下，政府相关部门应将公共教育资源更多地投向贫困地区，实现教育均衡发展。另外，政府相关部门可以着力建立健全扶贫助学制度，不断完善对弱势群体参加成人教育培训的资助体系，对城镇下岗职工、农村进城务工人员、社会失业人员等处境不利者给予学费补助或者减免，有效发挥公共财政在维护成人教育公平中的作用。

（3）促进资源整合，优化学校布局

成人教育活动通常是利用业余时间进行的，它与各级各类普通学校教育在时间上是错开的，这就为成人教育与普通学校教育的资源共享提供了可能。普通学校大都拥有当地最为丰富的人才储备、最为齐全的教育设施设备等优质教育资源，但是在实际运行中，这些优质教育资源往往会被大量闲置，尤其是晚上、周末和假期。与此同时，许多地方成人教育活动的开展却面临着人力、物力等教育资源匮乏的困境。各级政府教育管理部门要站在构建终身教育体系、建设学习型社会的高度出发，打破条块分割的教育资源管理模式，统筹安排，促进不同类型教育之间的沟通融合，充分实现资源共享，提高教育资源的综合利用率。在促进资源整合、实现资源共享的同时，各级政府主管部门必须充分考虑当地的人口分布、自然条件、原有学校分布以及实际财力状况等因素，科学规划和统筹成人教育学校的布局和规模，力求实现各区域成人教育机会的均等化。例如，在人口聚集区适当扩大办学规模、提高办学层次、增加规模效益；在人口稀疏区，则应采取在中心位置设校办学的方式，也可以根据实际情况考虑分专业隔年招生或者采用复式教学等。

2. 健全成人教育财力资源的微观配置

（1）扩大成人教育办学机构的办学自主权

成人教育办学机构是成人教育财力资源的最终使用者，因此，提高成人教育财力资源的使用效益，在很大程度上取决于成人教育办学机构。在社会主义市场经济条件下，成人教育办学机构正日益成为独立应对市场变化的法人实体，市场法则深刻地影响着成人教育办学机构的内部组织与管理行为，需求导向型的成人教育机构内部管理模式开始逐渐形成。与此同时，各级政府成人教育管理部门的管理方式却仍然残留着许多计划经济的痕迹，成人教育财力资源目前由地方政府统一管理、集中分配，个别部门不仅侵吞有限的成人教育经费，并且阻碍成人教育办学机构的自主创新和探索活动，导致这些本该由成人教育办学机构自主、合理利用的资金不能按时按需发放到位。作为成人教育教学的实际举办者，成人教育办学机构往往更了解实际情况，它们理应获得更多的自主权，包括享有更大的自主决定资金使用方案的权利。各级政府要顺应市场经济的发展要求，实现成人教育管理方式的创新与转型，由直接的行政控制为主转向宏观调控为主，给予和扩大成人教育机构依法自主办学的权利。

（2）端正成人教育办学机构的效益观念

扩大办学自主权为成人教育机构优化办学行为、提高财力资源的使用效益提供了前提和可能，但要使之变为现实，成人教育办学机构还必须端正效益观念，正确处理经济效益与社会效益的关系。对于成人教育办学机构而言，经济效益与社会效益既是对立的，又是统一的，将二者有机统一起来，社会效益始终排在第一位，在保证并不断提高教育教学质量、满足成人教育需求的前提下，严格成本核算，讲求经济效益，才能获得可持续发展，实现经济效益与社会效益的双丰收。

（3）改善成人教育办学机构的财力资源使用结构

成人教育办学机构在财力资源配置中，要始终坚持效益最大化原则，尽可能将有限的资源投入能发挥最大效益的成人教育项目。成人教育办学机构在考虑将财力资源投入某一项目时，不仅要看其能否形成效益，而且要计算其边际效用，对任何项目的投入都要及时将这个项目的边际效用与其他项目的边际效用进行比较，并将经费投入边际效用较大的项目，从而实现成人教育财力资源使用总效用的最大化。另外，成人教育办学机构在使用财力资源时，也要平衡个人支出与公用支出的比例。个人支出主要是指员工的工资、薪酬和福利，公用支出主要包括行政费用、设备购置费用等公用性质的支出。如果个人支出过高，公用支出过低，成人教育办学机构的多数财力资源用于支付员工薪水，则学校的教学条件难以改善，长此以往，必然会影响学校的教学质量，进而影响成人教育办学机构的可持续发展。此外，部分院校基建部分支出过高，有的甚至高达 30% 以上。目前，公用经费支出中包括差旅费、通信费补贴等福利性支出，在公用经费定额标准不能增加的情况下，造成部分单位挤占项目经费，以自筹等资金弥补公用经费不足。因此，成人教育办学机构在财力资源的具体使用中，应当科学合理地设置个人支出和公用支出的比例，使二者保持恰当的平衡，在使员工薪酬能够满足基本生活需求的同时，不断改善学校的办学条件。

（4）强化成人教育办学机构的财务监管

财务监管是保证有限的成人教育财力资源得到合理使用、有效发挥作用的必要手段。成人教育办学机构要建立健全自身的财务监管制度，对财力资源的使用情况进行全程监管，通过监管提高财力资源使用的透明度和资金利用效率。成人教育办学机构的财务监管包括事前、事中和事后三个环节。事前要进行严密论证，事中要加强有效监督，事后要进行核算分析。公办成人教育办学机构要严格执行财务公开原则，定期向社会通报学校财务状况和预、决算情况，要严格实行收支两条线管理，将成人教育办学机构的预算外资金以及其他各项收入全部纳入财务管理范围，进行统一核算、统一管理和统一使用。同时，成人教育办学机构要严格监控财力资源的使用方向，规范财力资源的使用范围，尽可能将所有资金都用于保障教学业务的正常开展和培训上，使成人教育财力资源真正"用之于学"。

第二节　成人教育的信息与科研资源管理

一、成人教育的信息资源管理

（一）成人教育信息资源的分类

信息与人类的社会生活息息相关，研究者将人类社会生产和生活过程中积累起来的信息称为信息资源。换言之，信息资源是指可供利用并产生效益，与社会生产和生活有关的各种文字、数字、音像、图表、语言等一切信息的总称。信息资源具有整合性和重复使用性，在使用的过程中体现和创造价值。[①]

成人教育信息资源是指可用于成人教育的所有信息资源。按照成人教育信息资源储存方式的不同，成人教育信息资源可以分为非数字化教育信息资源和数字化教育信息资源。非数字化教育信息资源是指传统的文献型信息资源，包括各种印刷信息资源和传统微缩声像信息资源；数字化教育信息资源是指来源于计算机存储及其他电子存储的信息资源，包括网络信息资源和单机信息资源。20 世纪 90 年代以来，随着信息技术的飞速发展，数字化教育信息资源日

---

① 柳士彬，朱涛. 现代成人教育管理 [M]. 北京：中国人民大学出版社，2014：49-59.

益丰富，在教育信息资源中的地位愈发凸显。

从发展趋势上讲，成人教育信息资源朝着数字化的方向发展。现代通信技术、计算机技术和网络技术的快速发展，使得越来越多的信息资源实现了数字化，而卫星双向网、互联网、数字电视网和移动通信网的"四网"融合，以及电脑屏、电视屏、手机屏和虚拟屏等"四屏"终端的普及，推动了数字化信息资源快速发展及使用。因此，从成人教育管理学的角度看，成人教育信息资源的建设和管理是指数字化成人教育信息资源的建设与管理。按照成人教育的主要功能，其可以分为以下三种类型。

1. 成人教育的教学信息资源

成人教育的教学信息资源是指直接用于成人教育教学的信息资源，它为成人学习者方便快捷地进行个性化学习和协作学习，以及成人教师或教学团队有效地组织教学活动提供信息资源支持。成人教育教学信息资源的内容非常丰富，包括教学案例、视频点播资料、试题等多媒体教学资料，知识学习软件、课外辅导软件、学科教学软件、专用工具软件（如 Office 软件等）、无纸化考试软件等教学软件，以及教学论坛、网上学习社区、教育教学博客等网络教学交流平台。最为常用的成人教育教学信息资源有多媒体课件、网络课程和多媒体素材。

多媒体课件是指使用计算机多媒体技术制作的课件，包括课堂演示型、自主学习型、协作学习型、测验评价型、趣味游戏型、模拟再现型和综合型课件等多种类型。多媒体课件使用多种媒体手段存储、传播和处理教学信息，能够为学习者提供自主化、个性化、多样化的学习环境。多媒体课件开发一般要经过项目定义、教学设计、系统设计、脚本编写、准备素材、编辑合成、测试评价七项流程。

网络课程是指通过网络表现的成人教育教学内容及实施的教学活动的总和，由教学内容和网络教学支持环境两个部分组成。教学内容通常以多媒体课件的形式来表现；网络教学支持环境主要是指支持网络教学的软件工具、教学资源以及网络课程的实施过程。完整的网络课程设计与开发一般包括八个阶段：需求分析、总体设计与原型设计、脚本编写、素材准备、课件开发、教学环境设计、教学活动设计、试用与测试。

多媒体素材包括文本、图像（图形）、动画、音频和视频五种类型，是多媒体课件以及多媒体相关工程设计中用到的各种听觉和视觉工具材料，是多媒体课件的基本组成元素，其质量在很大程度上影响着多媒体课件的质量。文本素材包括文字、数字和各种专用符号，是多媒体素材中最基本的素材，文本素材的处理主要是运用各种方法输入文字，然后通过文字处理软件进行编辑整理；图像（图形）是一种视觉信息，可以通过用软件创作、扫描仪扫描、数码相机拍摄、数字化仪器输入途径进行采集，以及从屏幕、动画、视频中捕捉等途径进行采集；动画是通过播放一系列彼此之间有差别的单个画面产生运动画面，以达到画中形象连续变化效果的技术，3ds Max 是目前比较流行的动画制作软件；音频素材通常包括语音、音效和配乐三种形式，其获取可以通过自行录制和选用现有素材实现；视频素材由文本、图像（图形）、动画、音频中的一种或多种素材组合而成，声音与画面同步，表现力强，是多媒体课件经常采用的一种教学信息表达方式，视频素材的采集方法有以下几种：利用视频捕捉卡与相应软件（如 Media Studio、Premiere）采集录像带上的素材，利用支持屏幕动态捕获的软件（如 Snagit、HyperCam）生成视频文件，利用数码摄像机、摄像头直接获取数字视频信号，利用软件截取视频片段，然后通过转换视频格式使之满足教学要求。

2. 成人教育的科研信息资源

加强成人教育的科研信息资源的开发，可以帮助科研人员迅速扩展知识视野，与全世界范围内的同行业者分享科研成果，寻找和发现研究兴趣相同者并迅速与其进行沟通和交流。以数字化为主的成人教育科研信息资源主要有以下类型。

（1）学科信息门户网站

学科信息门户网站是一种虚拟数字图书馆，主要通过搜索和收集与成人教育学科有关的网站网页，并对经过搜集核实的网址进行合理组织，使之能够提供检索、浏览和链接等功能，从而为科研工作者提供权威、可靠的网络学科导航。

（2）网络学术资源导航

网络学术资源导航是一种基于内容的资源导航服务。对于那些能从网上免费获取又具有学术价值的资源，可以按学科、主题等方式进行搜索、整理、分类，为成人教育研究人员快速有效地查找专业性、高质量的网络信息资源提供方便快捷的检索和服务入口。

（3）电子图书与参考工具书

电子图书是指利用计算机、手机或手持阅读器等电子设备进行阅读的数字化图书；参考工具书包括字典、词典、百科全书、统计资料和法律法规等。

（4）学术电子期刊

学术电子期刊是指以机读形式出版的连续出版物，其特点是更新及时、易于检索、使用方便，资源整合后便于提供多种个性化增值服务。中文数据库如中国知网、维普中文科技期刊数据库、万方数字化期刊，外文数据库如 SpringerLink、EBSCO 等数据库中都收录了与成人教育领域相关的电子期刊资料。

（5）特种数据库

特种数据库是指在图书、期刊以外的出版物上发表的文献，包括学术会议论文、学位论文、科技报告、政府出版物等。

（6）预印本论文

预印本论文是指科研工作者的研究成果还未在正式出版物上发表，出于和同行交流的目的，自愿在学术会议上或通过互联网（如博客）发布的科研论文。与在正式出版物上发表的论文相比，预印本论文具有交流速度快、利于学术争鸣、可靠性高等特点，目前已经成为一种重要的学术信息组织形式和科研信息交流平台。

（7）电子论坛

广义的电子论坛是指网上众多形式和名称各异的通讯组，狭义的电子论坛一般是指 BBS，指的是网络就某一最新的新闻提供电子公告服务，以电子布告牌、电子白板、论坛、留言板等交互形式。成人教育科研人员，或者对成人教育领域内某一问题感兴趣的网络用户，可以通过电子论坛探讨问题、交流心得，获取专业领域的最新信息。

（8）研究机构与专业学会网站

研究机构与专业学会网站提供研究领域、科研动态、在研课题、学术会议等学科信息，如美国成人及继续教育协会网站、欧洲成人教育协会网站、瑞典成人教育协会网站、中国成人教育协会网站等。

目前，国际上教育科研信息资源开发常用的技术和标准种类多样。Ex Libris公司开发的一套完整的数字图书馆解决方案，通过 MetaLib、SFX 和 DigiTool 等技术，可以提供个性化服务，进行数字对象的管理；通过开放链接将不同来源和不同通信协议的信息源及相关服务融合在一起，实现不同类型、不同格式和异地分部信息资源的无缝链接；EN Compass 是一个分布环境下的数字资源集成管理系统，包括信息检索与信息发现、对象管理、收藏管理、许可和权力管理、链接五个功能模块；此外，数字对象唯一标识符（digital object unique identifier，DOI）可用于数字期刊、参考链接、电子图书、教育领域数字对象、因特网和电子商务中的知识产权保护。

3. 成人教育的服务信息资源

成人教育的服务信息资源泛指成人教育教学信息资源和成人教育科研信息资源之外的成人教育信息资源。

成人教育是一项全民性的教育事业，它具有广泛的社会性，在教育对象上几乎覆盖了所有社会成员，成人教育的服务功能显而易见。在信息化时代，成人教育服务信息资源的开发与建设已经成为成人教育实现其服务功能的重要途径和手段，而成人教育的特殊性决定了成人教育服务信息资源的广泛性、多样性和复杂性。依照信息资源的使用对象，成人教育服务信息资源可以分为以下三种。

第一，为成人学习者提供的服务信息资源，包括与各种成人教育项目相关的信息资源以及向成人学习者提供的各种咨询服务信息，如帮助学习者解决学习过程中遇到的交通、家庭、社交、学习心理障碍等方面问题的服务信息。

第二，为成人教育工作者提供的服务信息资源，包括为成人教师、成人教育咨询人员、成人教育管理者以及成人教育志愿者提供的先进思想理念、工作方法、技术手段等方面的信息资源，也包括成人教育领域的最新动态信息以及微观层面的管理信息资源等。

第三，为成人教育机构提供的信息服务资源，包括成人教育政策、法规、条例、规章制度以及各级各类成人教育组织、机构和与成人教育职能部门相关的各种管理、服务信息资源，也包括国内外各种成人教育项目的开发与实施等方面的信息资源。

成人教育信息资源的建设和管理包括对成人教育教学信息资源、成人教育科研信息资源和成人教育服务信息资源的建设和管理。成人教育教学信息资源是直接作用于成人教育教学的信息资源，是成人教育信息资源的核心部分；成人教育科研信息资源作为成人教育自身发展的有力支撑，是成人教育信息资源的重要组成部分；成人教育服务信息资源作为成人教育服务社会的途径之一，也是成人教育信息资源不可或缺的组成部分。在成人教育信息资源建设和管理过程中，应认真研究、统筹考虑这三种信息资源。

（二）成人教育信息资源的流程再造

成人教育信息资源的建设和完善的过程即成人教育管理的信息化过程。随着信息化建设的不断推进，我国成人教育管理的信息化改造已经取得了长足进展，但到目前为止依然存在着诸多不容忽视的问题。首先，我国成人教育机构使用的信息化管理平台标准不一、各自为政。各级各类成人教育机构之间的纵向和横向信息、成人教育管理体系内的信息交流不畅，成人教育管理中出现信息孤岛及信息资源重复建设现象突出，信息资源浪费严重。其次，近年来，由于成人教育的规模不断扩大，教育形式越来越多样化，加之信息化管理水平有待提升等因素，成人教育信息资源管理力量明显不足。成人教育办学机构普遍处于"规模、质量、效益"的三角关系之中。最后，随着社会的发展，教育大环境在不断变化，终身教育、学习型社会、泛在学习等先进的教育思想和学习理念不断影响着成人教育，学分银行、终身学分等学习评价制度已经在成人教育发达的国家悄然实施，这不仅给传统的成人教育管理带来巨大挑战，而且也向成人教育提出了建立和完善成人学习支持服务系统的要求。因此，传统的成人教育管理理念和管理模式亟待改变，应寻找新的逻辑起点，探寻成人教育管理信息化流程再造之路。

流程再造最早是在企业管理改革中提出的。企业流程再造（business process reengineering，BPR）是指从顾客需求出发，对企业的主要流程——业务流程进行根本性再思考和彻底性再设计，从而获得在成本、质量、服务和速度等方面业绩的改善。成人教育管理信息化流程再造是对整个成人教育管理流程的彻底性改造，其将打破原有的成人教育管理模式，以信息流为依据，通过对成人教育管理流程的根本性反思和再设计，实现管理效率和管理效益的提高。针对成人教育管理的种种弊端，可以从以下四个方面进行流程再造。

1. 转变成人教育管理观念

成人教育管理信息化流程再造应从整体、跨部门的角度考察主要管理流程，打破原来职能部门的分工和在岗人员的职责划分。在成人教育管理信息化流程再造之前，首先，要改变以职能部门为中心、以管理为重点的传统管理理念，树立确保信息沟通流畅及服务导向的全局统筹观念；其次，组织开展流程再造思想的学习和教育活动，对所有成人教育工作者进行思想理论教育和培训，使之了解流程再造的含义、作用和要求，掌握学习与流程再造相适应的管理思想、方法和技能；最后，由于成人教育管理信息化流程再造需要对在岗人员的职责进行重新设定和划分，涉及每个成人教育工作者的切身利益，因此，在教育培训的过程中应注重情感关怀，尽量达成广泛共识，从而充分调动成人教育工作者的积极性，使其主动参与到成人教育管理流程再造过程中来。

2. 制作 SOA 标准，优化成人教育管理体系

面向服务的架构（service oriented architecture，SOA）将多个现有的应用软件通过网络整合成新的系统。目前，受到观念、资金、技术等方面的影响，成人教育机构之间以及机构的各部门之间信息沟通不畅、各自为政的情况比较突出。而对于这种情况，可以采取制作 SOA 标准，通过优化成人教育管理体系，解决成人教育信息资源流程再造过程中出现的问题。具体而言，就是通过制作和实施 SOA 标准，规范成人教育管理信息化平台建设的行业标准，建立统一的成人教育管理信息化平台，在普通高校与各函授站点之间，在中央、省、县各级电大远程教育总部与分校和各教学点之间，以及在其他各种成人教育平行机构之间，实行相同标准下的数据交换，或使用同一数据交换平台来进行纵向和横向的信息交流，从而实现庞大的成人教育管理体系内信息的快速、便捷传递。

3. 搭建成人教育信息的中枢系统

尽管成人教育管理涉及物流和资金流，但其更多的是通过信息流来实现的。无论是成人教育教学管理、科研管理，还是其他与之相关的支持服务活动管理，信息的质量、流动速度及流向的清晰度都将直接影响到成人教育管理质量。因此，要提高成人教育管理的质量，就必须借助信息技术对信息流进行改造。成人教育管理信息流改造的突破点在于通过制作 SOA 标准，借助信息技术在互联网上搭建一个信息中枢系统。

成人教育信息中枢系统地建立，使得各个部门以及成人学习者、成人教师、成人教育管理人员和成人教育咨询人员均可获得一站式的信息服务，各方之间的信息沟通只需通过该中枢系统即可顺利进行。可见，该信息中枢系统是一个融合各中间部门的信息集成平台，它使以职能为中心的管理形态转向以主要管理流程为中心的管理形态。一方面，它保证了信息流的顺畅和信息失真的最小化；另一方面，它解决了数据控制权和使用权之间的问题，有利于成人教育管理流程的彻底改造。

4. 建立成人教育信息化管理总体模式

成人教育信息化管理的核心是运用现代信息技术，把先进的管理理念和方法引入成人教育管理流程中，通过对成人教育管理信息化流程的再思考和再设计，打破原来各自为政、互不沟通的模块式管理模式，建立健全新的信息化管理制度，并对成人教育管理的工作流程、组织结构、人力资源、文化理念等进行重组，建立成人教育信息化管理总体模式。以此搭建的信息化管理综合平台，使各种信息资源的获取在该平台上能够方便快捷地进行，从而实现成人教育管理信息化的流程再造。成人教育管理体系包括规划层、领导层和服务层，具体内容如下。

第一，规划层是领导层。成人教育管理信息化流程再造涉及各个层级的成人教育机构的教育、教学、管理和服务，关系到每个成人教育管理部门和管理者的切身利益，因此，成人教育管理信息化流程再造的领导者必须具备相当的领导力、执行力和自信。在流程再造之初，首先要进行文化理念的构思，并对组织结构、主要管理流程以及人力资源进行重新设计。

第二，管理层是中坚层。其主要是进行成人教育教学、科研、教务和财务的管理，同时为成人学习者提供发布信息、在线咨询等多种形式的信息服务。管理层由成人教育信息化管理技术人员、成人教育管理者和成人教育咨询人员共同组成。

第三，服务层以服务界面的方式将各种信息呈现给用户，成人学员、成人教师、成人教育管理者和成人教育咨询人员均可通过不同的账户或登录、或查看、或管理相关的信息。

目前，成人教育管理的组织结构是垂直型的，强调职能部门的职责，行政性很强。尽管各职能部门管理的信息资源相互关联，但信息沟通困难，致使成人教育管理流程复杂。在成人教育管理信息化流程再造过程中，要搭建信息中心枢纽，构建信息化管理总体模式，就必须对成人教育管理的组织结构加以改造，即根据新的管理流程的需要，对组织形式、管理层次、部门、岗位及人员的职责与职权进行重新划分，建立扁平化组织。这样，既消除了不必要的中间环节，降低了管理费用和成本，又提高了管理组织的运转效率和对需求的反应速度。由于组织结构的变革涉及资源的重新配置，因此在流程再造的过程中既要保证变革的有效性，也要保证过程的平稳性。

（三）成人教育管理中信息技术的人文关照

技术作为"人之存在"和"人之所是"的重要依据，构成了"人之本质"的基本要素。由于人的"未完成性"，人在本能方面存在着内在缺陷，所以必须以技术来保证人的生存和发展。技术最先是从原始的生产领域中产生的，它把自由的潜能带向现实，不断推动人类文明的发展。技术本身蕴含着深厚的人文精神和很高的人文关怀。

技术是一把"双刃剑"，人类的发展离不开技术，但技术的异化必然导致其与人文的背离。技术之于人的影响在根本上取决于人的价值观念，在使用技术时，应寻求工具理性和价值理性的契合。

信息技术同样存在着根深蒂固的二元性。一方面，信息技术的使用可以降低成人教育管理的劳动强度和管理成本，提高工作效率，并为处于准分离状态的成人学员和成人教师、成人教育管理者提供方便快捷、形式多样的交流与沟通方式，信息化成为成人教育管理的必由之路；另一方面，在成人教育管理信息化的过程中，很容易因追求信息技术的工具理性而忽视其价值理性。因此，在成人教育信息管理中，不可片面追求信息技术的应用而忽视人文关怀。信息技术在成人教育管理中的应用应在以下四个方面体现人文关照。

1. 成人教育管理中信息技术的适切性

成人教育管理是人与物、人与人、人与社会之间的活动，归根结底是人与人之间的活动。如果单以信息化和系统化为目的，那么信息技术的片面性将展现无遗，不仅管理对象被物化，而且成人教育管理者也将成为信息管理流程中的机器。因此，信息技术的使用就不仅仅是"纯技术性思考"和"能用技术做什么"的问题，更重要的是"如何用信息技术达到服务目的"的问题。适切的，才是最好的。使用信息技术时应充分考虑管理的内容和成人教育管理的特殊性，只有准确地把握信息技术的适切性，才能使成人教育管理信息化摆脱技术的"套子"，回归应有的技术理性。

2. 成人教育管理信息化的情感环境

尽管信息技术的应用使成人教育管理在很大程度上摆脱了时空的限制，然而依靠留言板、电子邮件等交流方式容易出现人际关系疏远化、间接化、符号化和数字化，人与人之间难以建立真诚的信任和进行心灵层面上的沟通。研究表明，借助媒体工具进行远距离交流时，由于缺乏面部表情、手势、姿势等体态语交际手段的传递，以及重读、语调、情感变化等重要信息的传达，学习者在交流中常常表现出一些心理障碍，如焦虑感、恐惧感等。因此，成人教育管理在实现信息化的过程中，应努力创造良好的情感环境，增强情感交互，保持成人教育管理中健康的情感在场体验。

3. 成人教育管理信息化的伦理规范

现代信息技术尤其是网络技术为人们构建了一个"虚拟世界"，在这个"虚拟世界"里，信息传播的主体只是以一个"符号"的身份在活动，而真实身份的隐匿本身就可能会对现实社会中诚实守信这一最基本的社会道德规范进行"冲击"。不仅如此，人们对隐匿角色转换的普遍认同也会导致社会责任的淡化，而过度自由、不加限制的信息传播，同样也会对社会伦理规范和社会秩序造成影响。因此，在成人教育管理信息化过程中，首先，要加强成人教育管理者的职业道德规范，传递正确的伦理道德观念，培养高度的社会责任感，尊重个人隐私和知识产权；其次，要创造和谐共处的信息环境，营造文明的信息文化，公平、公正地进行评价，人性化地对待人和事；再次，要培养成人学员独立、自主、合作的精神，使其形成自我保护和尊重他人的思想，以及资源共享、公平使用的信息意识；最后，应加强信息管理系统的安全性，谨防信息污染等问题。

4. 提升成人教育相关人员的信息素养

信息素养包括信息意识、信息技能和信息道德。信息意识是指个人具有信息需求的意识，对信息价值具有敏感性，有寻求信息的兴趣；具有利用信息为个人和社会发展服务的愿望，涉及观念、意识、知识、心理等因素。信息技能是指获取、加工和利用信息的能力，包括获取、处理、生成、整合、创造、利用及评价信息等。信息道德是指人在信息活动中应具备的道德情操，应合法、合情、合理地利用信息解决个人和社会所关心的问题，使信息产生其应有的价值。其通常表现为对以知识产权保护为主要内容的信息尊重，对信息污染进行抵制和隔离的信息免疫，旨在交流与合作的信息协作等。

在成人教育管理信息化过程中，应注重提高成人学员、成人教师、咨询人员和管理者的信息素养，通过各种形式的教育培训以及各成员之间的相互学习，增强其信息意识和信息道德观念，提高其信息能力和基本信息技能，共同构建健康的信息文化。

二、成人教育的科研资源管理

一般而言，资源是指生产资料和生活资料的来源。科研资源是进行科学研究所需资料的来源。用于成人教育或成人教育中的科研资源可以分为三大类，即理论资源、人力资源和实践资源。

（一）理论资源

与成人教育实践相比，理论资源是成人教育科研的"第二手"资料。虽然有科学价值的理论成果是前人、他人对成人教育实践进行深入研究的结果，但是在思想、方向、方法、材料等方面，对当前的成人教育研究依然具有重要的参考和借鉴意义。目前，开发成人教育理论资源需要做好以下三个方面的工作。

1. 发掘与整理已有的理论资源

总体而言，古今中外积淀的成人教育理论资源是非常丰厚的，但比较零散、杂乱。之前也有人做过一些发掘、整理工作。成人教育科研管理的一项十分重要的任务就是整合各方力量和智慧，努力发掘、整理已有的成人教育理论资源，以便对这些理论资源的利用更加便捷有效。

2. 开发成人教育理论资源

开发成人教育理论资源，发掘、整理是前提，学习、吸纳是关键，而忽视学习、缺乏学习是我国成人教育科研人员，尤其是广大成人教育实践工作者的通病。因此，要想有效地开发成人教育理论资源，就必须实现成人教育科研工作者的专业化，着力提高成人教育实践工作者的理论素养。而要达到这一目的唯一可行的办法就是加强成人教育理论学习，并使之系统化、深入化和制度化，在此基础上，要引导成人教育工作者对古今中外成人教育理论资源进行认真学习，并与我国成人教育实践经验进行对接思考，从中发现对自身工作、学习和研究有用的成人教育理论资源。

3. 创造新型的理论资源

与发掘、整理已有理论资源以及学习、借鉴他人的理论成果相比，创造新型的理论资源，是开发成人教育理论资源的最高要求和最高境界。创造新型的成人教育理论资源，需要正确处理研究者自身与已有理论资源之间的关系。当前，人们往往把成人教育理论创新直接等同于研究者个人自主性和能动性的任意发挥，忽视了已有成人教育理论资源在成人教育理论创新过程中的重要作用。其实，真正意义上的创新既不是对已有成果的全盘接受，也不是个人自主性和能动性的任意发挥，而是对已有成果和个人主体性的辩证否定（即扬弃）。

（二）人力资源

成人教育科研管理要搞好人力资源的开发，需要从以下三个方面着手。

1. 优化成人教育科研队伍

成人教育应从以下两个方面来优化科研队伍。提高对成人教育科研的重视程度。各级教育主管部门、各高校应该像重视普通教育科研那样重视成人教育科研，在可能的条件下，还应该向担负着形成全民学习、终身学习的学习型社会重头任务的成人教育科研倾斜，这在改革不断深化、机构不断调整的形势下尤为重要。提高成人教育科研人员的素质。在不断增加成人教育科研人员数量的同时，更重要的是提高成人教育科研人员的综合素质，尤其是对成人教育实务工作者而言更是如此，要通过采取一系列针对性措施（如集中培训、自主学习、行动研究等），不断提升其从事成人教育科学研究的能力和水平。

2. 建设成人教育科研基地

目前，我国成人教育重点科研基地有两类：第一类是国家和省级政府设立的研究机构，这类研究机构集聚了一批热衷于成人教育事业的专家、学者，拥有较多的科研资源和便利条件，取得了一批重要的成人教育科研成果；第二类是高等学校自建的研究基地，其中以成人教育学重点学科和学位点建设为主要平台。从成人教育以及成人教育学的重要性角度来看，国家应该从上述两类机构中选出最优者作为成人教育方面的教育部人文社科研究基地，从现有的成人教育学省级重点学科中选出最优者作为成人教育学国家重点学科（含培育）。

3. 开展成人教育科研协作

各级科研机构、相关高等院校以及众多个体学者的科研协作，是开发成人教育科研人力资源的最佳策略。成人教育科研协作的方式主要有两种：一是同专业纵向、横向的"强强联合"；二是跨行业、跨专业的"互补协作"。

（三）实践资源

我国拥有最庞大的成人学习群体，拥有最丰富的成人教育类型，拥有最充沛的成人教育发展活力，实施着全球最大规模的成人教育。当前，在实践资源开发方面，我国成人教育科研管理应该做好以下三个方面的工作。

第一，成人教育科研必须深入实践。开发成人教育实践资源，必须坚持实践第一的原则，深入成人教育实践一线，在实践中发现问题，在实践中探寻因果，在实践中探索路径，只有这样才能使成人教育科研找准自己的目标和定位，才能充分开发和利用成人教育科研的实践资源。

第二，成人教育科研必须重视实验。开发成人教育实践资源，必须高度重视并认真开展成人教育实验研究，只有这样才有可能有效开发和利用成人教育科研的实践资源。

第三，成人教育科研必须强调升华。对于广大成人教育实践工作者而言，由于时时、处处、事事工作在成人教育实践一线，按说最有条件、最有理由发现成人教育的难点和重点问题，最有条件、最有理由发掘和利用成人教育科研的实践资源。然而，他们由于自身的科学研究素养、能力和水平较低，致使诸多可被利用的成人教育科研实践资源处于闲置或者浪费的状态。即使是近在手边的实践资源也没有进入他们的视野，成人教育科研实践资源自然也未能得到深入的开发和利用，大量"低水平的重复研究"浪费了研究者的时间和生命，而科研成果却上不了档次。所以，成人教育实践工作者应该加强理论修养、优化理性思维、提高科研素质，这是提高其成人教育实践资源开发能力的必然选择。

第三节　成人教育科研的过程与成果管理

一、成人教育科研的过程管理

过程决定结果，活动决定成败。从某种意义上说，对成人教育科研过程的管理具有最终的决定作用，成人教育科研方式的组织情况以及成人教育科研过程的运作情况，都直接影响和制约着成人教育科学研究效率的高低，直接影响和制约着成人教育科学研究成果的优劣。

（一）成人教育科研过程管理的工作

成人教育科研过程管理，首先要做好以下不同类型研究方式的组织工作。

1. 应用研究与学科研究并重的管理

应用研究就是问题研究，即对成人教育发展过程中发现问题、分析问题和解决问题的研究。问题既包括实践问题，也包括理论问题，换言之，既有可能是现实的成人教育实践过程中存在的主要问题，也有可能是当下的成人教育理论中存在的主要问题。总而言之，应用研究以解决成人教育发展过程中存在的主要问题为最终价值取向。由此可见，确立并实施这一问题取向的研究战略，应成为成人教育科研过程管理的一项重要任务。

目前，我国的成人教育应用研究总体上存在的问题包括选题追"热"化、探究表面化、结论简单化和效用短期化。因此，成人教育科研过程管理应针对这种情况采取相应措施，引导、激励成人教育研究者既关注当前热点和焦点问题，也关注具有重大价值的老大难问题；既开展"短、平、快"的研究，也开展长期的持续性研究；既注意新思想、新技术和新方法在成人教育中的应用，也注意成人教育自身独有的思想、技术和方法的创新。

成人教育的学科研究是一种基础理论研究，从系统论的视角，通过分析、比较、归纳和综合，构建系统的成人教育学科知识体系。毫无疑问，在目前我国成人教育学科体系不够完备、健全的情况下，确立并实施这一体系取向的研究战略，应成为成人教育科研过程管理的另一项重要任务。目前，我国的成人教育学科研究总体上存在着"三难"，即难以理解、难辨是非、难有实效。因此，成人教育科研过程管理应针对这种情况采取相应措施，引导、激励成人教育研究者在充分借鉴国外思想和普通教育理论的基础上，着力探索成人教育学科自身特有的本质规定性，对诸多关键的概念、范畴和原理认真加以梳理、界定并尽可能达成共识，同时还要扎根于我国丰厚而肥沃的成人教育实践土壤，最终构建具有中国特色和中国气派的成人教育学科体系。

应用研究与学科研究是两种不同的研究类型，问题取向与体系取向是两种不同的研究战略。只有应用研究，不利于成人教育学科体系的建设；只有学科研究，不利于成人教育现实问题的解决。所以，成人教育科研组织应将这两种不同的研究类型或研究战略有机结合起来，具体而言，一方面，要大力提倡应用研究与学科研究相互理解、相互尊重，要认识对方工作的价值，理解对方的研究方法和成果；另一方面，要促进二者的沟通、对话与合作，以求优势互补、相得益彰。理想的状态是理论研究者与实践研究者建立"研究共同体"，实现在行动中研究、在研究中行动。

2. 常规研究与课题研究并举的管理

常规研究是一种日常的随机性研究，自由、灵活、方便、快捷，不受时间、空间、外界条件的限制，可以随时随地从观察、思考、调研、实践中发现问题，并开展相应的研究活动。所以，常规研究是成人教育科研的重要方式，其唯一的弱点就是实力单薄，很难搞大项目。

课题研究是一种特定的攻关性研究，定向明确、富有价值，或选取成人教育实践的重点、难点问题，或瞄准成人教育基本理论的空缺错漏；分工合作、富有实力，总、分、子课题分合有序，带头人、研究者、服务者协调配合；多向联系、支持有力，纵向课题、横向课题都能得到课题主管部门、委托部门和研究者所在单位的各种支持。

常规研究与课题研究是两种不同但各有价值的研究方式，具体来说，强化对专兼职科研人员尤其是成人教育实践工作者的科研理念教育，培养其科研意识、科研兴趣，提高其科研能力，激励其科研行为，并为其科研提供支持、服务，使常规研究制度化、经常化；制定科研规划，组建科研团队，设计科研课题，组织课题申报，引导课题研究，提高课题研究的命中率和结题率；将常规研究与课题研究穿插进行、互为补充，常规研究有可能成为课题研究的组成部分，课题研究也有可能成为常规研究的着力点和突破口。

3. 个体研究与团队研究结合的管理

个体研究是指以单一的个人为研究主体而开展的研究。所有科学研究任务最终都会落实到每个独立的研究者个体身上，每个研究个体也都会按照自己喜欢或偏好的活动方式或行为习惯开展相关研究，最终也都会形成富有个人特点和独创性的研究成果，而这也正是科学研究的价值取向和本质要求。因此，个体研究是成人教育科学研究的基本单位和基本形式，对于成人教育科学研究具有实质性、决定性和终极性作用。

团队研究是指以由多人组成的团队为研究主体而开展的研究。成人教育研究团队的组建以共同研究目标的实现为前提，不同年龄、不同经历、不同智能结构甚至不同学科领域的研究者相互搭配、优势互补，采取"设定目标—集体思考—分工探索—汇总协调—反复修正—共同创造"的运作模式，在集体智慧火花的闪击、碰撞、凝聚中，创造出个体研究者难以创造的优异成果。

任何一个问题域的研究，单纯依靠某一个人的力量往往难以完成。进入知识社会后，科学研究跨学科、跨专业的情况越来越多，一些重大项目往往需要多数量、多部门甚至多行业的研究者协同合作才可能完成，所以，团队研究日益受到重视。成人教育科研在支持个体研究的同时，要积极做好团队研究的组织工作。一方面，要根据研究项目的需要组建智能结构、学科结构甚至学院结构搭配合理的团队，要重视团队的学习化、制度化建设，搞好团队的管理和服务；另一方面，要明确个体研究者在团队中的地位、作用，落实每个人的科研任务，确定个体间的关系、责任和义务，促使个体研究者默契配合、协同攻关。

（二）成人教育科研过程管理的运作

成人教育科研过程管理，重点要做好具体科研活动过程的纵向管理，具体包括以下三个方面。

1. 确定成人教育的科研目标

制定成人教育的科研计划。任何一项成人教育科研活动都应该有总体计划。成人教育科研总体计划的制定要坚持长远计划与阶段性计划相结合并协调衔接，使成人教育科研既有高远追求，又能不断体味到成功的喜悦；同时，组织计划与个体计划相结合并统分适宜，使成人教育科研产生强大的凝聚力和创造力。

确立成人教育的科研选题。首先，有价值、有特色、适宜而恰当，是确定成人教育科研选题所应遵循的基本要求。具体而言，选题有价值，即科研课题对社会发展、对科学进步具有客观价值。选题的研究成果必须是有利于事业发展的新思考，必须是有利于工作推进的新创造，必须是有利于谬误纠正的新发现，必须是有利于科学进步的新贡献。在成人教育实践范畴方面，社会关注的"焦点"、民众议论的"热点"、事业推进的"重点"、工作开展的"难点"、蕴藏危机的"险点"、预示趋势的"芽点"，都应该是成人教育科研重点关注的课题。在基础理论范畴方面，成人教育自身学科体系框架的构建，成人教育学科与其他学科之间的关系，成人教育与其他类型教育之间的关系，成人教育与政治、经济、文化以及人的发展之间的关系等，也都是非常重要的成人教育科研选题。选题有特色，即成人教育科研课题具有与已有的、他人正在进行的科研课题明显不同的特质，只有选择了有特色的选题，再经过艰苦的科学研究，才有可能创造出纵向"前所未有"、横向"与众不同"的创新成果。而要想使选题有特色，就需要对前人和他人的研究成果和研究活动有清楚的了解，当然更需要有良好的、诚信的科研道德。选题要适宜，即成人教育的选题方向、研究内容要与研究主体的研究兴趣、智能专长、已有基础、资料占有以及拥有的设施设备、支持服务等客观条件相匹配。选题要恰当，即成人教育选题的大小、难易要与研究主体的研究能力、时间、财力相适合，讲究"量力而行""尽力而为"，选题既不好高骛远，又不求易避难。其次，立项。成人教育科研项目在课题确定后必须履行立项手续。课题立项包括纵向立项、横向立项和本单位立项。纵向项目包括国家级、省部级、地市级项目，立项程序一般包括提出申请、填表论证、接受评审、研究批准等步骤；横向项目是科研主体接受或争取到的地方政府、企事业单位、社会团体等的委托项目，立项程序一般包括项目委托、项目论证、考察审核、项目确定、签订协议等步骤；本单位立项程序与纵向课题立项程序大体相同，不过要简单一些。近些年，纵向课题、横向课题均引入竞争机制，采用招投标方式立项，其程序一般为发标—应标—论证—投标—竞标（评审、答辩等）—定标（中标）—签订协议。这种方式已逐渐发展为成人教育科研立项的主要方式。

2. 推进成人教育的科研过程

落实成人教育的科研任务。成人教育课题立项之后，具体的科研任务就要通过前期准备、开题动员、任务分解、明确责任四个步骤来落实。在前期准备阶段，由课题责任人与少数科研骨干拟定详细的研究计划，包括课题意义、项目构成、项目内容、各部分责任人、项目进程、成果要求、支持条件等；开题动员要求项目全体科研人员参加，统一思想，宣传介绍科研计划；任务分解是指通过民主协商、集思广益，对研究计划进行合理调整，然后落实任务；明确责任是指通过书面协议或口头承诺，约定科研任务的具体内容，保证科研目标的实现。

督查成人教育的科研进程。为了保证成人教育科研的质量，成人教育科研的过程管理要注意做好情况交流和进度检查两项工作。情况交流是指各子课题负责人介绍各自研究的进展情况、已经取得的成果、目前存在的问题以及下一步需要突破的重点和难点；进度检查是指由项目总负责人根据科研计划按期检查任务完成情况。科研进程督查可以采用书面报告、现场检查、召开阶段性交流会议、网上交流等形式进行。通过交流、督查，可以相互激励、促进，也能及时发现问题，尽早解决。

支持成人教育的科研过程。在成人教育科研过程中，主管部门、相关部门和合作单位应该为科研活动提供及时、必需的支持和服务。科研支持服务包括人力、物力、财力支持和困难排除。在人力、物力、财力支持方面，要尽量满足需求，同时加强管理，以确保科研过程的顺利进行。

3. 鉴定成人教育的科研成果

成人教育科研成果的表现形式一般包括理论专著、学术论文、研究报告、教育实验以及教育技术创新等形式。相应的，成人教育科研成果鉴定方法也是多种多样。

通信鉴定。给鉴定专家邮寄成果纸质文本或发送电子文本，经专家独立评审提出意见，由专人或工作小组汇总形成鉴定结论。

会议鉴定。邀集相关领导、专家、科研主体代表，召开鉴定会议，通过讨论、研究，对研究成果进行评审，最后用民主集中的方式形成评审意见。

答辩鉴定。聘请相关专家和代表组成答辩委员会，针对所提交成果的有关情况，提出若干问题或疑问，由科研主体代表回答这些问题或疑问，最后由答辩委员会根据答辩情况进行评价和鉴定。

评估鉴定。依据惯用的专业标准或专门设计的评估体系，逐项对照打分评价，经综合后得出鉴定结论。

考察鉴定。即组织专家进入现场考察科研工作的实效，常用于成人教育实践性研究成果的鉴定，如社区教育、特殊群体教育等实验成果的鉴定。

试验鉴定。在专门场合，通过重复性演示再现成人教育科研过程和成果，由专家观摩后进行评价和鉴定，常用于成人教育新方法、新技术等研究成果的鉴定。

实践鉴定。将科研成果直接运用于社会实践，通过较长时间的跟踪、检验，最后给出关于该科研成果实践应用性的评鉴意见。这种鉴定费时费工，但鉴定结果准确、可靠。

二、成人教育科研的成果管理

(一) 成人教育科研成果的价值

真正有水准的独创性成人教育科研成果，必定具有社会实践价值或学科理论价值，甚至二者兼而有之。对这些成果高度重视、充分利用，就能充分发挥科研成果的社会效益。

1. 促进成人教育深化改革

我国的成人教育研究积极主动地适应经济社会快速发展的要求，不断摆脱传统观念、传统教育的种种束缚，实现成人教育科学研究的创新发展。我国成人教育科研的主流始终偏重实践研究，根据新形势，针对新需求，提出新问题，借鉴新理念，启动新思考，谋划新对策，不断发现、培育新的增长点，为我国成人教育改革的深化做出了不容小觑的社会贡献。可以预见，今后我国的成人教育科研将继续对成人教育的改革发展提供更为强大的智力支持。

2. 推动教育事业创新发展

我国成人教育与其他类型教育相比具有特殊性。例如，从传统教育制度到向终身教育发展的新型教育制度的教育制度创新；从政府办学到多种社会力量办学的办学体制创新；从中央"一级统管"向"分类管理、分级负责"的管理体制创新；从"普教化"教学到互动式、参与式学习的培养模式创新；从学年制到学分制、弹性学制的教学管理创新；从"配餐式"到"自助餐式"的教学内容创新；从"黑板加粉笔"到电子化、信息化的教育技术创新；等等。在此期间，成人教育科研及时总结这些改革和创新成果，不仅促进了成人教育自身的发展，也使之成为我国整个教育改革的"试验田"，为传统教育的改革打头阵、寻突破、创经验、积教训，带动我国整体教育改革和发展的不断深化、不断推进。

（二）成人教育科研成果的推广

1. 成人教育科研成果的发布

成人教育科研成果的发布有多种多样的形式，概而言之，分为以下两大类型。

（1）口头发布

口头发布由科研主体或其代表直接面对受众或经过媒介（广播、电视等）发布研究成果，其形式主要有：会议宣讲，即通过各种学术交流会议发布成果；课堂宣介，即向学员讲授研究成果；媒介发布，即通过媒介向较多受众或在一定社会范围内发布研究成果。

（2）文本发布

文本发布是指由科研主体将成果文本通过不同形式进行发表。发表形式通常包括学术专著、学术论文、会议论文、学位论文等。

2. 成人教育科研成果的推介

要使成人教育科研成果突破成人教育的小圈子，在较大范围推广，并在社会上产生较为广泛的影响，除了研究主体自身积极做好成果推广工作外，还必须借助于组织（包括各级政府、各级教育行政主管部门）的力量，具体方式如下。

（1）开展科研评比奖励

各级政府可以将成人教育科学研究成果纳入社会科学优秀成果评奖活动之中，各级教育主管部门、各级组织应该定期、不定期举办包括成人教育科研在内的优秀教育科研成果评比活动，对有价值的成人教育科研成果予以奖励，并通过媒体对其进行报道、宣传，提高社会各界对成人教育科研及其优秀成果的知晓度。

（2）科研成果汇编出版

组织专人对常规的、分散的成人教育科研成果加以筛选，按照不同专题予以汇编出版，从而增强成人教育科研成果的社会影响力。

（3）组织媒体专项宣传

有计划地组织媒体开设专栏、笔谈、论坛等，集中发表或展示成人教育科研的最新成果，有效地扩大成人教育科研的社会影响。例如，数年来，教育主管部门通过《中国教育报》《中国成人教育》等媒体对成人教育、继续教育、岗位培训、终身教育、全民学习等进行宣传，宣传效果十分明显。

（4）提出成人教育政策建言

根据成人教育科研成果，通过科研主体中的人大代表、政协委员等向会议提交提案，直接对各级政府的政策制定产生影响。

3. 成人教育科研成果的归总

为了实现科研成果的长期推介、交流，成人教育科研管理还要做好科研成果的归纳、整理工作，使科研成果的保管、查阅、交流系统化、规范化。

（1）科学归类，分级管理

各单位、各部门、各系统对所属范围内的成人教育科研成果都应进行科学、妥善的保管。成人教育科研单位、学校、团体要为本单位的每一项成人教育科研成果建档，尽可能详尽地保存项目研究的相关资料（文本、数据、图表、模型、影像以及鉴定、评价材料等），形成完备的研究成果档案；对本单位一定时期的科研成果按年度分类别进行归总，按部门、按系统层层上报，在部门、系统范围内再进行分类归总。

（2）汇总编目，联网索引

各单位、各部门、各系统要对科研成果进行科学合理的分类编排、统一编目；在妥善保管成人教育科研成果实物资料的同时，利用现代电子信息技术，对科研成果进行电子编目，建立电子档案，再通过网络在更大范围内形成电子索引、查询系统，以便对成人教育科研成果的推介、交流、使用。

（3）资源共享，相互促进

运用电子信息技术处理、保管的成人教育科研成果，通过网络实现部门内、系统内、省区内甚至全国范围内的资源共享。通过科研成果信息发布，有效避免成人教育科学研究的"选题撞车"和"重复研究"现象；通过对已有成果的学习、借鉴，使后来的研究取得更新的成果，促进成人教育科研不断进步。

第四节 成人教育科研的现代化应然走向

当前，我国成人教育科研正经历从碎片化到整体化转型的发展阶段。成人教育科研在科研力量、科研主题、个人精力和科研思维方面存在碎片化现象，导致重大课题难以协同攻关、对成人教育规律认识不足、研究结果社会认可度低等问题的出现。为了积极打造有价值、高质量、及时有效的成人教育科研成果，应整合科研力量，增强集体研究意识；整合科研主题和领域，加大应用型政策和问题研究力度；整合科研精力，致力于某一领域的系统化研究；整合科研方法，遵循整体思维理念。

　　成人教育科研的整体化要符合基本要求，具有现实推广价值，应成为研究者坚持的研究模式。整体化是成人教育科研的基本认知思想，是成人教育科研方式转变的必然选择，也是克服碎片化的有效策略。要注重科研力量、科研主题、科研精力和科研思维的高效整合，是打造有价值、有意义、有质量的研究成果的必要条件。

一、整合科研力量，强化集体研究意识

　　个人和集体是成人教育科研力量的两大基本来源，只强调个人力量而无法凝聚集体智慧，不利于实现成人教育重大课题的突破。在新的时代背景下，一些亟待研究的成人教育重大现实课题需要研究者的团队合作。对于大型课题、科研项目、调研报告，个人是无法胜任的，唯有借助集体合作、团队协同，才能在短时间内分头工作、分工研究，完成任务。对此，不仅应该发挥课题协作、团队合作和集体攻关的力量，也应该引导研究者在集体分工中找到自身存在的价值。此外，人力、财力和物力等资源的合理配置能够提升成人教育科研的产出率和时间效益，发挥理论指导实践的时效价值，同时集体合作也是克服个人精力、视野和思维有限的有效办法。[①]

　　第一，研究者应该增强合作意识，主动参与各种形式的科研合作。研究人员要有责任观念，主动承担研究机构分配的合作任务，听从团队组织和管理。在网络信息化时代，科研团队应以课题为纽带，坚持自愿原则，通过科研使命的感召力，将同专业内的成员组织起来，联合跨专业的科研骨干，组建成人教育科研现实共同体和网络共同体，将面对面的合作和分工与网络条件下的合作和分工相结合。

　　第二，研究者应增强大局意识，主动服从科研团队的分工和管理。目前，一些研究者仍然存在个人主义至上的思想，将个人利益和个人荣誉看得高于一切，缺乏集体观念，这对研究者特别是年轻研究者的成长十分不利。年轻研究者的科研动力、科研技能和科研能力并非能够通过"闭门造车"而完成，而是需要在科研集体的熏陶下成长和发展，同时需要年长者、经验丰富者的言传身教、示范指点，从而培养大视野、大担当的科研素养。

　　第三，科研团队的组建应以共同愿景和共同价值取向为纽带。单纯依靠行政命令而组建的科研团队，只是科研合作的初级形态，而基于共同的科研价值

---

　　① 李中亮，谢清理. 从碎片化到整体化：成人教育科研的应然走向 [J]. 河北大学成人教育学院学报，2018（3），29-34.

追求形成的科研团队，才具有更强的生命力和发展力。另外，个体成员因共同的志趣、向往和使命而自愿结合起来的科研共同体，能够实现团队成员的自我约束、自我主动和自我成长。同时，科研团队领导者作为该学术领域的中心人物，以其学术影响力和人格魅力影响和管理成员，调动和激发团队成员的研究积极性和主动性。在科研团队管理中还要实行完善的合作、奖惩与退出机制，个人绩效和团队绩效相结合的制度和规则，妥善处理合作中的各种利益。

第四，研究者和实践者应建立无障碍的沟通和交流机制。面向实践开展现实问题研究，是当前成人教育科研的主攻方向。在建立沟通和交流机制过程中，研究者的心态尤为重要，研究者只有主动和实践者沟通交流、分享信息，才能了解成人教育的现实鲜活样态，理解成人学习的真实形态，找准问题、透彻分析原因，进而提出具有针对性和实效性的对策；研究者只有改正鄙视实践者、轻视实践者的心态，主动接触实践、了解实践和参与实践，向实践者学习、求教和求知，才能创造出具有现实生产力的新成果。

二、整合科研课题与领域，加大研究力度

无论是在成人教育政策方面，还是在成人教育实践方面，研究者都面临着价值重大、亟须解决的课题和科研领域，这些科研课题和领域对成人教育的发展具有全局性、战略性、前瞻性作用，为了充分发挥其作用，需要从以下几个方面采取措施。

第一，加强重大关键政策问题研究，用学术观点影响政府决策和社会生活。成人教育体系涉及终身教育和终身学习法律、成人教育和继续教育边界划分、我国成人教育与国际成人教育衔接等诸多政策问题，关系到成人教育的社会地位和发展走向。对此，有能力的科研团队、有担当的研究者应主动担负起成人教育政策问题研究的重任，策划、组织和引领成人教育政策问题的科研活动。

第二，加强应用型问题研究，发挥理论指导实践的现实价值。在中国特色社会主义建设进入新时代的历史进程中，成人教育科研的时代使命较为艰巨。如何解决成人教育发展不平衡、不充分和成人学员学习需求日益增长之间的矛盾，是成人教育科研的基本课题来源。人才强国战略、乡村振兴战略、美丽中国、健康中国等时代命题，需要成人教育研究者认真应对；专业技术人员和公务员培训、高素质农民培育、进城务工人员教育、员工继续教育、老年教育、社区教育、学习共同体培育等时代课题，需要成人教育研究者认真解答。这些新现象、新趋势、新问题为成人教育研究者提供了既丰富又新鲜的科研材料。

此外，成人教育研究者应该用身心关注、感知和体味科研课题，走进成人的生活世界和精神家园，直面他们的学习需求、学习困境和学习愿景，思考成

人教育和学习所能为其提供的适切性支持和鼓励。为支持和鼓励成人学员，满足他们学习、生存和发展愿望，成人教育研究者应加强对成人教育的质量标准、远程教育试点总结和普及，以及成人高等教育、现代网络教育和自学考试融合等应用型问题的研究，以期发挥成人教育理论研究指导实践的现实价值和作用。

三、整合科研方法，遵循整体思维理念

系统、全面和辩证的整体思维理念符合成人教育科研的本质要求。成人教育现象具有内部复杂性和外部关联性的特征。由于成人教育对象、内容、手段和价值取向的复杂性、多样性，成人教育科研课题也具有多元化、多层次、多类型。成人教育现象与社会政治、经济、文化、职业、技术、生活等关系错综复杂，使得成人教育科研需要关注成人教育和外部各因素之间的关联。本着求真求理的立场，成人教育研究者需要克服片面的思维方式，基于系统科学的高度、学科综合的背景和客观公正的利益角度分析问题，以系统、全面和辩证的整体思维观念以及联系的观点研究成人教育现象，以客观的立场解决成人教育问题，以综合的视角构建成人教育实践策略。

成人教育科学研究应选择合适的方法加以综合运用，即恰当运用文献分析法、经验总结法、实验实证法、定性定量法等，突出其优势，并克服局限和劣势，同时适当借鉴和改造心理学、社会学、管理学、统计学等学科的研究方法。

■ 第五章 成人教育教学管理与课程创新

第一节 成人教育学的学科论管理

成人教育研究是伴随成人教育实践活动而展开的——通过解决实践问题，积累成人教育经验，掌握一定的成人教育观点和思想，初步形成成人教育学的知识体系。在此之前，成人教育的理论研究及实践操作技术基本是在普通教育学的框架下开展的。20世纪20年代以后，成人教育学才作为专门的知识形态学科开始进入发展阶段，学科建立是成人教育研究趋于成熟的一个重要标志。因此，成人教育学既是教育事业发展和成人教育研究活动开展的结果，也是教育学研究纵向分化的产物。

一、成人教育学中学科体系分析

成人教育最初借鉴并根据普通教育学的理论进行实践，由于成人教育和成人学习遇到的困难越来越多，部分成人教育工作者和学者开始对成人教育进行专门研究，促成了成人教育理论的发展和成熟，并使成人教育成为了专业领域。在现代社会中有大量专门从事成人教育的工作者，在大学和研究机构中有专门从事成人教育研究的学者和专家，大量成人教育研究的成果相继发表和应用，在这种情况下，成人教育逐渐形成了一门独立的学科。

（一）成人教育学中的学科体系

学科体系是指由某一学科的概念、公理、定律、原理和分支构成的系统。学科理论体系是指该学科的概念和连接这些概念的判断，通过推理、论证形成一个层次分明、结构严密的逻辑系统，体现了学科本身固有的内在逻辑。

成人教育学作为一门正在形成的新学科，其学科体系尚未成熟，主要分支学科包括成人教育心理学（成人学习理论和成人发展理论等）、成人教育社会学、成人教育管理学、成人教育经济学等；按学术层次划分，可分为成人基础教育学、成人中等教育学、成人高等教育学和成人继续教育学等；按对象和领域划分，可分为企业成人教育学、农村成人教育学、军人教育学、残疾成人教育学、妇女成人教育学、罪犯成人教育学、家庭成人教育学、余暇成人教育学以及成人社会教育学等。此外，教育科学的许多重要的新兴学科和理论也都与成人教育学有密切联系，如教育技术学、教育未来学、职业技术教育学、远距离教育学和终身教育理论等。

在成人教育学的发展过程中，由于成人教育学科自主意识的形成、发展的阶段性和学科体系建构的方法论上的差别，出现了经验水平的学科体系和范畴水平的学科体系。成人教育分支学科的诞生，使得成人教育学的发展呈现出由"单数"向"复数"的演进趋向，以成人教育学为主干的成人教育学科群初步形成。有学者还提出要根据成人教育现象间的联系，建立由成人教育活动论、成人教育体制论和成人教育观念论三大部分构成的学科体系，还有学者从宏观、中观、微观等三个层次来构建成人教育学的学科体系。

1. 学科体系的独立性与合法性

成人教育"立学"的基础在于其教育对象的独特性。因此，许多学者坚信成人教育学是一门独立的学科，认为成人教育学的特性不可能从一般哲学中推演出来，它应该有自己的研究对象和研究方法。心理学研究发现的成人学习特点和规律表明了成人学习的特殊性，而成人的社会属性和社会角色对成人教育的客观制约反映了成人教育的目标、内容和形式的独特性。成人教育实践已从各种关系中明确边界、形成体系，逐步创立属于自己的基本原理。

学科的合法性并非是法理上的合法，主要是指该学科的存在基础的合法。学科合法性应满足以下要求：有相对独立的研究范畴、领域和对象，形成或正在形成规范化的知识体系，建立专属于自己的方法论，其原理或提出的规律经得起验证或论证。对于成人教育学而言，成人教育的正当性与合法性取决于成人教育与学习概念的效验及帮助成人学习的实际方法的效验。

2. 学科体系中逻辑的起点

学科体系的构建过程实质上就是一个从逻辑起点开始逐步推演，并且逻辑起点始终贯穿其中的螺旋上升过程。逻辑起点是学科体系得以展开的最简单、最基本的起始范畴和思维起点，与研究对象相互规定，揭示对象的最本质特性。

成人教育实践始于成人的学习活动，并以成人的学习活动为核心。成人学习关联着成人教育学科体系中的所有要素、结构和关系，蕴含着成人教育学科体系的全部信息。绝大多数成人在社会里展现出多种多样的智力才能、体质力量、性格特点、信仰、爱好和习惯，但是成人不一定成熟，仍需要进行教育和学习。成人参加教育与学习是自愿的，即成人对是否学习及采取何种方式学习拥有决定权。

从"成人学习"这一概念推演开来，就会逐步派生出"成人教育""终身教育""终身学习""学习型社会"等范畴，并由众多的概念、范畴构成系统的结构，最终形成以成人教育学为主干的成人教育学科体系。成人教育学科的理论体系应与对成人教育活动和成人教育现象的认识过程相一致。而无论是正式成人教育，还是非正式成人教育，都要经历制度化的阶段，即成人教育的专门化或制度化。

综上所述，成人教育学在学科的独立性和合法性上仍然存在一些问题和争论，需要进一步加强理论探讨和学科建设，以促进成人教育学学科走向成熟。

（二）成人教育学的研究对象分析

要成为一门独立的学科，得有自身独特的研究对象，而这又是与其研究领域、研究目的以及研究方法等相连。科学地概括和把握成人教育学的研究对象，是确立成人教育学这门学科的必要条件。确定某一学科的研究对象需要运用科学的思维方法，并且做到历史与逻辑的统一。简而言之，分析成人教育学的研究对象，要把学科的发展过程与科学的逻辑分析结合起来。

1. 成人教育现象与问题

教育现象是指能够被感知的教育要素和实践活动。从客观、动态和联系的角度来看，成人教育现象是一种围绕成人的教育和学习活动展开的特殊社会现象，如成人教育与社会变化关系现象；成人教育发展问题及其趋势现象，包括成人教育的性质和特征、任务和目标；成人教育领域、结构体系、基本制度以及功能等现象；成人教育的组织与管理现象，包括宏观管理和微观管理，成人教育组织、机构、条件资源和人力资源；成人教育活动现象，包括对各级各类成人教育的过程、特点、组织形式和方法研究；成人学习者与教育工作者现象，包括对学员的社会性、身心特征、群体结构，对教师和管理人员的个体素质和群体功能的研究；等等。

成人教育现象是一种特殊的人文社会实践活动。其研究对象是一般且普遍的成人教育规律，只有这样的理论才有生命力，才能对成人教育实践起到解释、预测、指导和规范的作用。但是，成人教育不可能也没必要研究所有的成人教育现象，只能通过普遍性和代表性的成人教育事实，研究共性的问题，探索一般的规律。

成人教育的进程总是伴随着种种问题，尤其是经济全球化和多元文化的发展为成人教育的发展带来了机遇，也提出了挑战。成人期待社会对成人教育的热切关注，社会也关注成人教育的问题，对问题的研究不仅需要实践工作者的关注，同样需要理论工作者的积极投入。成人教育问题是指成人学习与社会和教育系统、成人个体发展之间存在的复杂关系和矛盾状态。问题有一般问题、普遍问题、特殊问题之分；有紧扣时代的热点现实问题，也有远离现实的基础理论问题；有宏观和中观层次问题，也有微观具体问题。

研究成人教育中存在的问题要从系统论的观点去理解，并不意味着要涵盖成人教育所有的问题，而是强调成人教育学要以成人教育问题为研究对象，对成人教育各种特定形式、特殊形态、具体领域问题进行研究。作为应用学科的成人教育学，其主要目的是运用基础理论学科的理论解决具体领域或特殊情境中的各种问题，并形成操作性较强的策略、建议、方案等，其重点是回答"怎么办"。成人教育理论应该植根于实践的土壤，在问题领域中汲取养分，为实践提出理论审视与导向。

2. 成人教育的基本规律

成人教育的基本规律是成人教育现象所固有的、本质的、必然的联系。成人教育与社会发展相互制约、成人教育与人的发展相互制约，这可以说是成人教育的两大基本规律。至今为止，对成人教育学的研究对象——成人教育规律仍然存在着不同的观点，即成人教育学的研究对象是成人教育过程中的内在规律；凡是与成人教育有关的一切，如成人教育自身存在的意义、特点、规律以及成人学习心理、成人教学管理、成人教育与社会发展的关系等，都是成人教育学研究的对象。

成人教育系统中的基本问题和基本规律，包括成人教育的活动、行为、组织和制度之间的结构关系及其互动过程，其核心问题是教育如何促进成人学习及满足其发展需要。成人教育学只有揭示了成人教育领域的基本矛盾和规律，才能形成比较完整和严密的理论体系和学科结构体系。一是对成人教育哲学的研究，为成人教育学的可持续发展奠定基础，解决困扰着理论和实践发展的一系列问题；二是对成人教育现象的实证研究（包括心理学和社会学），揭示成人教育活动的规律性，如确立成人教育学"基础理论学科"的性质，揭示其一般规律，对成人教育活动进行高度抽象，进而构建严密的学科理论体系，在规律性认识的基础上形成改造客观对象的构思、规划、方案、模型等。

综上所述，成人教育学是一门通过研究成人教育现象和问题，探索成人教育规律和方法的人文社会学科。作为理论学科的成人教育学，其主要目的在于揭示、描述、解释成人学习与教育现象和过程，探索和揭示现象、过程中本质性、普遍性的规律，并以研究成果来丰富教育基本理论。作为教育学原理之下的以应用为主的一门分支学科，成人教育学既承担着应用教育基本理论认识成人教育现象、解决成人教育实践中问题的任务，也承担着揭示成人教育现象与社会主要现象之间的关系、成人教育内部主要构成要素之间的关系、成人教育与人的关系等规律性的任务。因此，成人教育学的研究对象具有层次性和整体性。

二、成人教育学中学科的建设

成人教育学科建设是一个高度理性思辨和抽象化的过程，是成人教育理论知识系统化和实践经验不断提升的过程，其最终目的是建成系统化和科学化的成人教育学理论体系。学科建设对整个成人教育研究工作起着宏观调控的作用，它需要立足于成人教育实践活动，将反映和体现成人教育发展规律的理论进行高度的理性思辨与严密的逻辑架构，力图达到概念的清晰与规范、研究方法的实用与独特、理论体系的科学与完备。

在成人教育学的发展过程中，成人教育研究的思路往往沿用、参照教育学的基本原理和方法，或者结合一些新的学科，如人力资本理论、教育经济学、教育管理学等探讨成人教育问题，基本没有摆脱其依附、从属地位。在终身教育、终身学习、学习社会等现代教育理念得以确立并产生深远影响之后，在西方成人教育学理论介绍和推广之际，我国成人教育研究逐渐出现专门化的课题，并形成了多学科观点的成人教育研究新趋势。

成人教育基础研究或基础理论研究性质的学科主要探讨成人教育的基本概念、范畴、定义、原理、功能、目的、类型、结构、体系、研究方法及相关制度等论题，是成人教育学科群中的带头学科，在整个学科体系中处于主干和基础的位置。

我国以成人教育学为主干的成人教育学科，由一门学科逐步发展成一个由诸多分支学科组成的学科群，并且朝着两个方向分化衍生出许多分支学科：一是从成人教育学中分化出成人教育概论、成人德育论、成人教育教学论、成人教育课程论、成人学习论、成人教育管理论、成人教育方法论等；二是从成人教育内部特殊的研究对象出发，形成以成人教育系统中的子系统为研究对象的学科，如职工教育学、农民教育学、干部教育学、妇女教育学、军人教育学等。此外，还有以成人教育结构中文化水平的不同层次为研究对象的学科，如扫盲教育论、成人初等教育学、成人中等教育学、成人高等教育学、大学后继续教育学等。

成人教育专题研究介于问题与学科之间，由成人教育实践活动或改革活动衍生而来，受到专业或非专业研究者的高度关注，该研究对学术性专题进行了较为系统的探讨，有向学科化方向发展的趋势，具备学科形态的雏形或学科的构件，如岗位培训研究、学习化社区研究、成人教育立法研究等。

成人教育的应用研究发展迅速。近年来，我国成人教育研究不断向纵深发展、横向开拓，不少其他专业的学者也纷纷关注成人教育研究。其从本专业的视角研究成人教育，形成多学科观点的成人教育研究新趋向，促使成人教育学与其他相关学科对话、沟通与交叉结合，产生了成人教育学科中的交叉学科与边缘学科，如成人教育心理学、成人教育社会学、成人教育技术学、成人教育经济学、成人教育文化学等。成人教育学与相关学科的互相渗透、交叉及结合，不仅催生了新兴的交叉学科与边缘学科，还共同构成以成人教育学为主干的成人教育学科群，而且也有利于成人教育学科的规范化建设。

此外，关于成人教育学与普通教育学的关系、成人教育学科与教育学科及其他相关学科的关系、国外成人教育学与成人教育学的本土化问题、成人教育研究的科学范式与人文范式、问题意识与学科意识、实证研究与理论反思、普适规范与本土契合、移植加工与自主创新等的研究，无疑都为成人教育学科的规范和完善奠定了坚实的基础。[①]

第二节　成人教育教学教材与课程管理

一、成人教育教学教材管理

教材是课程的物质载体，是课程的呈现形式，也是课程与教学之间的纽带和桥梁，因此，成人教育教材管理是成人教育教学管理的重要组成部分。要做好成人教育教材管理工作，必须弄清成人教育教材管理的含义及特殊性，必须针对当前存在的主要问题，采取一系列提高成人教育教材管理水平的措施。从定义上说，教材也称教学材料，有广义和狭义之分。

广义的教材指课堂上和课堂外教师和学员使用的所有教学材料，如课本、练习册、活动册、故事书、补充练习、辅导资料、自学手册、录音带、录像带、计算机光盘、复印材料、报刊、广播电视节目、幻灯片、照片、卡片、教学实物等。教师自己编写或设计的材料也可称为教学材料。另外，计算机网络上使用的学习材料也是教学材料。总而言之，广义的教材不一定是装订成册或正式出版的书本，凡是有利于学员增长知识或发展技能的材料都可称为教材。

狭义的教材就是教科书。教科书是课程的核心教学材料。从目前来看，教科书除了学员用书以外，几乎都配有教师用书，很多还配有练习册、活动册以及配套读物等。总之，教材是学校教学过程中最基本的工具，是教学内容和教学方法的知识载体，也是推进教育教学改革、实施创新教育、培养高素质应用型人才的重要保证。

由此可见，成人教育教材就是指成人教育过程中所使用的全部教学材料。成人教育教材管理就是对成人教育过程中使用的全部教学材料进行管理。成人

---

① 郑淮，马林，李海燕. 成人教育基础理论［M］. 广州：中山大学出版社，2015：54-79.

教育教材管理的主体是成人教育学校，成人教育教材管理的内容主要包括教材采购、教材发放和库存管理。成人教育教材是成人教育人才培养过程中传授知识、训练技能、发展智力和转变思想的重要依托，在教学过程中能够起到稳定教学秩序、保证教学质量、主导教学方向等作用。成人教育教材管理的质量和水平能够对成人教育教学质量产生重要的影响。因此，成人教育教材管理是整个成人教育教学管理中不可分割的重要组成部分，加强成人教育教材管理是提升教学管理水平的重要手段。要提高成人教育的教学质量，就必须加强教材建设与管理。

（一）成人教育教学教材管理的特殊性

自学为主、面授为辅是成人教育的显著特征。成人学员大都分散在各自的工作单位进行自学，只有在面授辅导时才匆忙赶来，而且成人教育面授往往是利用节假日、休息时间进行。成人学员由于工作、生活、路途等客观因素，不能像全日制学员那样集中地来、统一地去，成人教育教材发放无法像全日制教育那样集中和统一，只有按专业、班级甚至是学员逐一发放。这就增加了成人教育教材管理的工作量和难度。

全日制教育由于培养周期较长，开设的学科专业通常比较固定，招收的学员人数增减变化不大，而且教材大多使用的是统编教材，教材可以按照招生指标和在校学员人数有计划地征订，并通常在每学年或每学期初，有步骤、有规律地以班级为单位集中发放，一般不会造成教材的积压和浪费。成人教育教材管理则不同。成人教育的办学极其灵活，成人教育学校开设的学科专业经常变化，招生计划数与学员实际人数往往不一致，甚至差距较大，这都给教材订购带来了很大的不确定性；同时，成人教育特别强调教材的针对性，全国性的统编教材较少，自编教材较多，因此，成人教育教材管理有时会出现时而不足时而多余、时而适用时而不适用的现象。这都对成人教育教材征订、采购等管理工作提出了更高的要求。

（二）提高成人教育教学教材管理水平的主要措施

1. 操作性措施

成人教育教材管理的目标是为教师和学员及时提供优质的教学材料，其中，选用质量高的教材是行动的第一步；科学、合理、精确地确定成人教育教材采购数量，是提高成人教育教材管理效益的重要部分；及时将这些适用的教材发放到教师和学员手中，是成人教育高质量教材管理的关键所在。

（1）规范外选教材程序

选用高质量的教材是做好成人教育教材管理工作的关键，也是提高成人教育教学质量、实现人才培养目标的重要环节。成人教育学校教材管理人员要本着择优性原则和适用性原则，努力研究成人教育教材选用的特点与规律，分析影响教材选用的各种因素，全面了解教材使用情况及出版情况，广泛征求任课教师的使用意见，切实制定教材选用的针对性措施，尽心尽力地为师生选用高质量教材。为保证成人教育教材选用的质量，成人教育学校应成立教材遴选委员会，由各学科领域内的专家、教授组成，全权负责各学科教材的选定。

（2）鼓励学校自编教材

自编教材是成人教育学校教学和科研实力的重要体现，也是体现学校办学特色、彰显成人教育特殊性的重要标志。成人教育学校要制定鼓励、支持政策，积极组织任课教师参编、自编并出版一些适合成人教育特点、体现学校特定的成人教育培养目标和特色的教材，既可以是传统的文本材料，也可以包括录音带、录像带、电子软件等新型教材。自编教材要突出对本校的适用性、内容的创新性和实践性，同时要鼓励教师将自己的教学科研成果融入相关教材中去。

（3）提高教材采购效益

确定好成人教育教材采用的版本，就要科学合理、力求精确地确定教材征订的数量。首先，教材使用单位要根据新生招生计划、学员入学报到、在读学员流失等情况，严格按照教学计划确定各专业、各年级和各学期教材的需求数量；其次，成人教育教材管理部门要根据教材使用单位上报的春季或秋季教材使用的需求情况，结合现有的教材存量，科学、精确地编报春季或秋季教材的采购计划，切实做到既能保证教学所需，又不造成库存积压和浪费。

（4）提升教材发放质量

成人教育教材的发放是成人教育教材管理的终端工作。成人教育学校由于办学形式多样、专业门类较多、学科专业庞杂、学员流动性大、教材品种繁多以及学员报到上课时间参差不齐等，要做到教材发放的精确无误，成人教育学校的教材管理人员就需要做好充分的准备，进行耐心细致的工作。在发放教材前，教材管理人员应当提前将发放教材的清单进行认真核对，确定好各学科专业教材发放的品种、实际数量；对各学科专业、各班级应发放的教材应事先搭配并存放好，以便有条不紊、秩序井然地进行教材发放。另外，成人教育教材的发放无论对班级还是对个人，都应当注意当面核对清楚，进行现场确认，防止出现差错。

2. 保障性措施

成人教育教材管理的保障性措施包括以下四个方面。

第一，创新管理体制机制，激发主体竞争意识。体制、机制也是生产力。要使成人教育学校教材管理充满活力、提高效益，就必须建立一套完善的管理体制和运行机制。

第二，加强教材管理队伍建设，提高工作人员业务素质。教材管理人员的业务素质直接影响和制约着成人教育学校教材管理的水平和效果，结构合理、业务素质较高的工作人员队伍是做好成人教育教材管理工作的坚实保障。因此，成人教育学校要着力强化教材管理人员队伍建设，不断提高工作人员的业务素质，进而提高成人教育学校教材管理水平。在学校后勤社会化改革没有彻底完成之前，学校要有意识地按市场经济法则开展工作。

第三，推动教材库存管理规范化，加强档案建设。教材库存管理是教材管理的重要环节，库存管理质量的高低将会直接影响教材采购和发放的准确性，因此，要提高成人教育教材管理的水平，就必须不断推动教材库存管理的规范化，并着力加强档案建设。成人教育学校教材库存管理规范化建设的核心在于建立完善的入库验收、登记以及出库制度，并严格执行这些制度。入库教材应由书库管理员进行拆包验收，并将实际数量、单价、版本、入库时间等信息如实填入入库验收单，由教材管理行政人员和书库保管人员共同签字归档。

第四，利用现代信息技术，提高教材管理效率。成人教育包括脱产、函授、自考等多种类型，专业多，层次多，教材种类繁杂，而且数量庞大，仅依靠传统的手工管理不仅工作效率低下，而且容易出错。借助现代信息技术，使用计算机管理手段，是提高成人教育教材管理效率的可行路径，其能够加快推进成人教育教材管理手段现代化，明显提升工作效益和工作质量。

二、成人教育课程管理

课程是成人教育的核心构成要素，是最能体现成人教育特点的组成部分，是成人教育教学管理的重要内容。要做好成人教育课程管理工作，必须在明确成人教育课程管理的内涵、作用和意义的基础上，优化成人教育专业设置与课程体系，发挥学校在成人教育课程管理中的主体作用。

成人教育课程管理就是对成人教育课程的管理。具体而言，成人教育课程管理是指在成人教育课程规划、编制、实施和评价等环节中采取必要的措施以达成预期目标的管理活动。成人教育课程管理有宏观和微观之分。宏观的成人教育课程管理即成人教育课程行政管理，包括中央和地方各级政府的成人教育课程管理，主要是指代表中央和地方政府的成人教育行政管理部门对成人教育课程的宏观调控，如课程立法、课程政策的制定、课程标准的颁布、教科书的审定、学校课程实施和评价的监督等；微观的成人教育课程管理即成人教育办学机构所实施的课程管理，这种课程管理可以细分为学校、班级和教师个人三个层次，主要是指各成人教育办学机构及各学科专业任课教师所开展的对成人教育国家课程、地方课程和校本课程的管理活动。

　　课程是实现既定教育目标的关键之一，也是提高教育教学质量的基础。从课程理念的确立、课程目标的设计，到课程标准的编制、课程方案的编写，再到课程的具体实施和反馈，这是一个周期相对较长的价值实现过程。课程管理的作用和意义其实就产生在理想课程与实际课程之间，产生在由实际课程向理想课程的发展转变过程中。成人教育课程亦是如此。成人教育课程管理就是为了保障课程决策、课程编制、课程实施和课程评价的有效运行，对其相关因素与条件进行的一种发展性管理活动，只有不断完善成人教育课程管理，才能推动成人教育课程改革实践，持续提高成人教育教学的质量。其具体措施包括以下四个方面。

　　第一，保障学校对于成人教育课程管理的自主性。举办成人教育的学校是成人教育课程的实际执行者和操作者，学校直接与学员交流、沟通，能对学员的学习情况进行全面而深入的了解，因此，学校应该享有足够的课程管理的权力和空间，这也有利于充分发挥学校在成人教育课程实施与管理中的主动性和创造性。

　　第二，整合影响成人教育课程实施的一切资源。成人教育课程实施是把成人教育课程计划与方案付诸实践的过程，是达到预期课程目标和教育目标的基本途径。成人教育课程管理能够整合影响成人教育课程实施的可利用的一切资源，实现课程目标和教育目标。换言之，成人教育课程管理是决定成人教育课程实施成败的关键，是成人教育课程成功实施的重要保证。

　　第三，提升成人教育教师的专业化水平。从微观来看，成人教育课程实施就是具体而鲜活的成人教育课堂教学。高质量的成人教育课堂教学要求教师系统考虑影响课程实施的各种现实因素，对自己的思维方式、个人习惯、教学方式方法等进行一系列的调整，以实现课程的再创造。

　　第四，增进成人教育课程的适切性。一方面，从世界范围来看，各国在成人教育课程管理中，大都力图构建国家、地方与学校三位一体的课程管理框架，在保障国家统一的、最低的成人教育质量标准的基础上，大力推行地方课程，鼓励学校开发校本课程。这有利于增强成人教育课程的适切性，使成人教育课程的开发与实施更加符合地方特别是学校的实际情况。另一方面，对于教师而言，成人教育课程的实施实质上是一个实现课程目标、发挥教育智慧、整合各种课程资源、进行教学交流活动的过程；对于学员而言，成人教育课程的实施实质上是一个在具体的教学、学习情景中以课程为依托和载体的自我体验、内化、生成的过程。

第三节 成人教育的教学质量管理

一、成人教育教学质量管理的制度

(一) 教考分离制度

成人教育是以学员分散自学为主、以集中面授为辅的教育形式,这种特殊的教育形式使得成人教育过程中教学、学习、考核三者之间建立了内在的关联,使它们既对立又统一,既相互制约又相互促进。当然,成人教育的教学质量管理应该走出教考不分的误区,实行教考分离的教学质量管理制度,具体内容如下。

第一,应当摆脱"唯考"的心理阴影,克服"应试"的短视现象,确立教考分离的管理理念,使管理者和被管理者都自觉主动地适应教考分离的改革要求。

第二,应当改变由面授教师自己命题考试的做法,建立题库或卷库,由成人教育教学管理部门随机抽题或调卷,以保证考试内容的准确性、科学性和全面性,发挥考试对教学的促进作用,并使考试成为教学的重要组成部分。

第三,应在教学大纲的指导下,由教学管理部门组织同一课程的所有教师参与命题,或吸收兄弟院校同专业同课程试卷入库,或实施跨省市的题库建设合作,或借鉴普通教育同专业同课程题库内容,克服命题的局限性和片面性。

第四,应当建立严格的题库管理制度,采取一系列保密措施,确保考试工作的严肃性。

第五,应当加强阅卷环节的管理,坚持流水作业、集体阅卷,保证阅卷工作的高效性、客观性和公正性。

(二) 校地一体制度

成人教育是一种特殊的教育形式,成人学员工作和学习的特殊性,直接决定了地方有关部门和单位参与成人教育教学管理的重要性。同时,成人教育主办学校需要一个方便的渠道与地方有关部门和单位进行沟通和合作,需要获得地方有关部门和单位多方面的支持和配合,而地方有关部门和单位也需要一个方便的形式参与成人教育的教学管理工作,以了解本地区、本单位的人才需求和教育意见,使成人教育更好地为本地区、本单位的发展服务。因此,成人教育主办学校与地方有关部门和单位之间的各种目的、愿望和要求,直接决定了成人教育教学质量管理实行校地结合体制的必要性。

要实行成人教育校地一体的教学质量管理体制,必须建立由主办学校校长挂帅、学校成人教育主管部门负责人和地方有关部门分管成人教育工作的领导共同参加的成人教育管理委员会。作为成人教育教学质量管理工作的监督和咨询机构，成人教育管理委员会的具体职责如下：宣传、贯彻和执行上级关于成人教育的方针、政策和有关规定；审议招生计划；研讨成人教育的专业设置、课程体系和教学改革方案；监督、指导和检查成人教育教学各环节的运行情况；审议、制定成人教育各种评比和奖惩的条件、办法和程序；对成人教育工作进行调研和评估；总结、交流成人教育的情况和经验；等等。

（三）教研互动制度

要做好成人教育教学工作，必须重视并强化科学研究在推动成人教育教学改革过程中的重要作用，也就是说，应当使成人教育的教学实践与科学研究紧密结合在一起，并使之成为一项常规性、稳定性制度，这种教研互动的教学管理制度也是成人教育教学质量管理制度建设的一项重要内容，具体如下。

第一，教研一体的领导构成。成人教育主管和主办部门的主要领导既应是本部门的首席执行官，又应成为一个首席学习者和首席研究者，其他领导成员也应成为实践型人才与理论型人才有机配置的典范。只有这样，才能在决策者层面保障成人教育教研互动教学管理制度建设。

第二，教研队伍的双优建设。一方面，成人教育的教职人员应该做好自己承担的教学和管理工作；另一方面，成人教育的教职人员应该成为积极进取的探索者、研究者和创新者，这是做好成人教育教研互动教学管理制度建设的组织保障。

第三，教研工作的互控运作。作为一种行动研究，成人教育科学研究的内容应来自成人教育教学实践过程中提出的课题，成人教育科学研究的目的和任务应是为解决教学实践过程中遇到的现实问题服务，同时，科学研究成果也应被置于教学实践过程中检验和矫正，以保持其旺盛的生机和活力。

第四，教研决策的双向参与。成人教育教学管理决策既要考虑教学实践工作的情况，反映教学实践工作的要求，又要经过科学研究式的严格论证，将教学实践放到科学研究的天平上加以衡量。只有从这样两个不同而又密切相关的层面或维度着手，才能保证成人教育教学管理决策的合理性。

（四）学分累积制度

成人教育教学领域的管理制度改革最根本、最核心的就是学分制改革。成人教育对象的复杂性、成人教育任务的多重性以及成人教育形式的多样性等，都直接决定了在成人教育教学质量管理制度方面引入学分制具有比普通教育更为迫切的需求。就目前的情况来看，在成人教育领域实行学分制不仅是必要的，而且也是可行的。一方面，学分制研究的不断深入为成人教育实行学分制提供了坚实的理论基础，其主要涉及成人教育学分制的实施意义、条件、障碍以及一些经验和做法；另一方面，成人高校实行学分制为成人教育实行学分制提供了广泛的实践基础，但与普通高等教育的学分制改革一样，成人教育的学分制改革也会遇到诸多困难。因此，在推行的过程中应该注意以下问题。

第一，弄清楚学分制的内涵。学分制的基本特征是以学分代替学年、以选课代替排课、以弹性代替刚性、以指导性代替指令性。学分制包括的具体制度有选课制、弹性学制、主辅修制、间修制、重修制、免听免修制、奖励学分制、绩点制、导师制和毕业资格审核制。

第二，扫除思想上的障碍。学年制以教为中心，学分制则以学为中心，教学重心由以教为中心转向以学为中心，恰恰是由成人教育的教学本质和独特性决定的。

第三，制定科学合理的学分制实施方案。学分制是一项涉及成人教育方方面面工作的系统工程，要确保其有效实施，就必须对实施学分制的目的、内容、步骤等做出明确的规定和要求，反映成人教育的实际情况，体现成人教育的本质特征。

第四，做好必要的外部保障工作。成人教育主管部门应尽快出台与学分制改革相配套的政策，提高非统一发放毕业证的灵活性，建立并完善学分互认制度等，以保障学分制改革的顺利实施。

二、成人教育教学质量管理的保障

近年来，成人教育的教学质量问题一直是人们关注的焦点，一方面是因为教学质量问题本来就非常重要，另一方面是因为成人教育教学质量本身确实存在着诸多不尽如人意之处。这主要表现在：质量观念陈旧，依然以精英教育的标准来要求成人教育，或将成人教育看作是一种纯粹的经济创收行为；符合成人教育特点的质量标准体系还没有建立起来，缺乏科学合理的成人教育教学质量衡量依据；成人教育教学质量监管不力，缺乏有针对性的质量保障体系；成人教育教学质量管理活动不规范，导致其社会评价不高。因此，在新的形势下，不仅要端正办学态度，更新办学质量观念，还要研究制订符合成人教育特点的质量标准和人才质量要求，构建一种卓有成效的成人教育教学质量保障体系，规范成人教育教学质量管理活动，最终提高成人教育的人才培养质量。

（一）成人教育教学质量管理的具体标准

成人教育不同于普通教育，当前社会经济发展也对成人教育提出了更新、更高的要求，所以，成人教育人才培养的具体质量标准应包括以下方面。

第一，具备较高的综合素质。成人教育确实应与学员的生活和工作实际相联系，确实应该提高与学员学习需求的适切性。同时，成人教育的人才培养质量必须符合党的教育方针，实现德、智、体等诸方面的全面发展，尤其是在职业岗位、就业结构等都正发生持续甚至是激烈变化的社会环境下，全面提高学员的综合素质，就显得特别重要和迫切。

第二，具有较强的动手操作能力和解决实际问题的能力。在成人教育教学过程中就应该充分注意到这一特殊性，将理论、知识和技能学习与学员的工作和生活实际紧密地联系在一起，并着力提高他们的动手操作能力和解决实际问题的能力。这既是成人教育多年来的成功经验，也是成人教育区别于普通教育的具体体现。

第三，具有较高的自学能力和继续学习的能力。对成人学员而言，他们综合素质的提高主要依靠业余时间的自学来实现，自学能力的高低直接决定着他们能否真正适应当前这样一个信息剧增、知识更新日益加快的时代要求。同时，成人学员的学习过程也不是一次就能完成的。在学习型社会中，终身学习成为每一个人习以为常的生活方式。因此，成人教育应将提高学员的自学能力和继续学习能力作为自身质量标准的重要指向和组成部分。

第四，具有鲜明的个性。从本质上而言，人的发展是社会化和个性化共同实现的过程。对于成人学员而言，他们在年龄、职业、经历、水平、学习动机以及所承担的社会角色等方面的差异性，使他们对成人教育的个性化要求更加迫切。因此，成人教育应该充分尊重学员的个性差异，将培养个性、发展个性的指标融入成人教育的总体质量框架中，使学员成长为具有主体意识、自主精神和独立人格的社会公民。

（二）成人教育教学质量管理的监控工作

所谓教育教学质量监控，是指按照质量方针，依据质量标准，对影响和制约教育质量的所有环节、要素和过程等进行监督、检测、控制、修正，以达到教育质量目标的活动，它包括对教育资源的监控、质量成本的监控、教育过程的监控等。成人教育教学质量监控具有两个方面的功能：一是对教学过程及学员素质情况是否满足社会需求进行监督和控制；二是对成人教育教学活动是否有利于教学质量的提高进行监督和控制。要想有效地开展成人教育教学质量监控，必须遵循一定的基本原则，做好基础工作。

对成人教育教学质量进行监控是一项极具复杂性的系统工程，涉及方方面面的问题，需要开展各项工作。其中，成人教育教学质量监控的核心性、基础性工作主要包括以下几个方面。

1. 质量标准化工作

标准化是对成人教育教学质量进行有效监控的一项重要措施，在对成人教育教学质量进行了标准化处理之后，对它的监控才有抓手、有依据、有说服力，最终实现提高成人教育教学质量的目标。因此，成人教育教学质量监控的一项基础性工作就是教学质量的标准化。成人教育教学质量标准化工作的内容非常广泛，一般可分为以下三个方面。

第一，管理质量标准。管理质量标准涉及成人教育的整个管理体制和制度，是对管理机构、管理程序、岗位职责、部门之间的协调方法和信息沟通途径等作出的统一规定和要求，是成人教育教学质量管理的依据。

第二，工作质量标准。教学工作质量标准是对教师的教学活动作出的统一规定和要求，主要包括教学准备工作标准、教学实施工作标准、教学评价工作标准等，教学工作质量标准是保障教学质量的基础。

第三，学员质量标准。学员质量标准是对学员发展水平所需达到的统一规定和要求，主要涉及学员德、智、体、美等方面。学员质量标准是整个成人教育教学质量管理的最终归宿和落脚点。

2. 质量信息工作

所谓质量信息工作，是指获取、处理、保存、传递和应用与成人教育教学质量有关的各种信息的管理活动。质量信息是开展任何教学质量管理和监控工作不可或缺的重要因素，是改进教学质量以及管理工作质量的可供参考的最直接的原始资料，是正确认识影响因子与教学质量波动之间的内在联系以掌握教学质量变化规律的基本依据。

3. 质量教育工作

成人教育教学质量的高低优劣，归根结底取决于全体教职员工的责任心、业务素质和管理工作水平。因此，要实施对成人教育教学质量的有效监控，必须从对教职员工的思想教育、业务教育和管理工作教育抓起，把质量教育工作作为成人教育教学质量监控的第一道工序，为提高教学质量以及质量管理水平提供合格的人力资源保障。从教育内容划分，质量教育工作主要包括以下三个方面。

（1）质量意识和质量责任感的教育

质量意识和质量责任感教育包括：培养教职员工的社会责任感，使其树立对国家和人民高度负责的意识；培养教职员工对学员负责的精神，使其树立一切为了学员、为了一切学员、为了学员一切的思想；培养教职员工对学校负责的精神，使其树立以质量求生存、以质量求发展的意识；培养教职员工为他人负责的精神，使其树立一切为学员着想的意识；培养教职员工的事业心和成就感，使其树立专注教育事业、提高教育质量的意识。

（2）专业知识和技能的教育

成人教育主办学校或主管部门应通过各种方式，如邀请国内外知名专家学者来校展开学术讲座，派遣优秀教师或干部赴国内外著名大学或科研院所进行学术交流和进修，定期、不定期地开展学校范围内或学校范围外的学术沙龙或教研活动等，使教职员工了解成人教育专业知识和技能的最新进展，使教师及时更新成人教育教学理念和方法，掌握最新的教育教学技术，以便不断提高其业务能力和业务水平。

（3）质量管理的知识和技能教育

成人教育教学质量管理的知识和技能教育也包括质量管理思想、质量管理技术和方法的教育。由于教育对象的不同，质量教育内容的侧重点也应有所不同。一般而言，质量意识和质量责任感的教育对于所有教职员工来说都是一项长期性的、经常性的教育任务，成人教育教学质量的重要性不言而喻；对于主办学校领导和各教学单位负责人而言，质量教育应主要侧重于质量管理的基本理论及组织管理的方法和技术等方面；对于成人教育教务人员而言，质量教育应主要侧重于质量管理的理论、方法和技术等方面；对于一线教师和职工而言，质量教育应主要侧重于加强专业基础知识和基本技能的训练以及一些基本的质量管理知识和方法的教育。

4. 质量责任制工作

所谓质量责任制，是指按照一定的质量标准，建立纵向衔接、横向协调的质量责任体系，实行奖惩机制，对教学及其相关工作进行有效监控，以确保教学质量达到一定水平并不断提高的一种质量管理方式。质量责任制应与所在岗位责任制相结合，要让所有教职员工都充分认识到，质量责任是工作职责的重要组成部分，是评价其工作绩效的最重要指标，而不仅仅是工作职责的一部分。质量责任制的建立大致遵循以下步骤。

第一，通过职务分析，确定各个部门和岗位的工作任务和质量责任。具体内容包括：确定各部门和岗位的基本任务以及所要达到的质量标准；明确教职员工应享有的各项权利，以及任务承担者应具备的知识、技能、经验、道德和心理素质等。

第二，在职务分析的基础上，制定并发放部门职能说明书和个人职责说明书，在说明书上应明确各部门职能的内容及范围、每个人职责的内容及权限、工作质量标准以及检查考核的标准、方式、方法和主要依据等。

第三，制定质量考核奖惩制度，明确规定质量考核的范围、标准、时间、方式、方法以及奖惩细则。

5. 质量管理小组工作

质量管理小组（QC 小组）是指从事各项工作的教职员工有意识地组织起来，发扬集体主义精神、发现并解决工作现场中所遇到的各种质量问题的小组。其功能包括：改进质量、减少浪费、提高效能；提高教职员工的管理素质，激发其工作积极性；创建健康文明、令人心情舒畅的工作环境。成人教育的 QC 小组大致可分为以下几个类型。

第一，由教辅人员组成的实时 QC 小组，其目的是为教师和学员服务，提高教学各个环节的质量。

第二，由主办学校分管教学工作的领导、教务人员、学科骨干教师组成的攻关型 QC 小组，其目的是研究和解决那些有一定难度或关乎成人教育教学长远发展的质量问题。

第三，由主办学校分管科研、招生等工作的领导和相关部门负责人组成的管理型 QC 小组，其目的是发现和解决与教学紧密相关的一系列管理活动存在的问题。

第四，由主办学校分管后勤工作的领导和职工所组成的服务型 QC 小组，其目的是为了提高后勤服务质量，推动后勤服务工作标准化、程序化和人本化。[①]

第四节　成人教育课程管理的网络化创新

一、有针对性地进行网络课程的宣传教育与辅导

教师应通过宣传使成人学员明白网络课程的重要意义。网络课程是新时代随着科技的进步和终身学习教育理念的发展而产生的一种崭新的教学模式，和面授课程同样重要；网上开设的课程是教学计划中规定的内容，学员的网络课程学习是否完成，与其能否顺利毕业息息相关，并以此激发成人学员网络课程学习的主动性和紧迫感。教师还可以对学员进行网络课程辅导。例如，有针对性地开展网络课程学习交流活动，邀请擅长网络学习的成人学员进行现场交流，或通过微信群交流学习经验及体会，提高成人学员网络课程学习的应用能力。在辅导过程中，教师应及时更新教学手段及理念，解决成人学员在网络课程学习过程中遇到的问题，从而对网络课程学习进行有效监控和管理。

二、注重网络课程学习过程的管理

在指导成人学员熟练掌握网络课程学习技术的基础上，专职教师可以针对不同的网络课程学习平台给出相应学习指南，对学员在学习中出现的问题进行研究和讨论，从而得出最佳解决办法。网络课程学习应注意以下几点要求。

第一，明确每门网络课程的学习要求，对成人学员进行有效辅导。网络课程管理人员应当知晓和明确每门网络课程的学习和考核要求，并将其及时准确地传递给成人学员，对学习进度、作业要求、问题解答、教材购买、考核要求等做出明确规定。

---

① 柳士彬，朱涛. 现代成人教育管理［M］. 北京：中国人民大学出版社，2014：60-91.

第二，促进师生互动，及时解决成人学员提出的专业问题。在网络课程管理过程中应充分发挥专职教师的作用，及时收集和整理成人学员网络课程学习中遇到的问题，请专职老师对这些问题进行解答。专职教师通过线上平台解答成人学员提出的问题，对于问题比较集中或线上不能解决的问题，教师可以进行线下讲解和辅导，以达到更好的学习效果。

第三，负责网络课程的评价和再学习。在网络学习伊始，专职教师应明确网络课程的考核要求，使成人学员能够顺利完成网络时长、网络作业以及结课考试等内容。对于不能通过网络学习的成人学员，专职教师应分析具体原因，及时进行精准辅导，再确定重修学员的名单，使他们完成网络重修的技术操作。

三、完善网络课程学习管理机构与工作机制

网络课程的建设和开发，一般由教师和专业技术人员完成。网络课程管理教师作为网络课程开发者和使用者之间的媒介，既要熟悉网络课程，又要了解成人学员在网络课程使用过程中出现的各种问题。因此，做好网络课程管理师资队伍建设，建构相关工作机制就显得尤为重要。可以从以下三个方面完善网络课程学习管理机构与工作机制。

第一，由成人教育主管部门牵头，成立一支由各院系专任教师、教学秘书、班主任和成人学员参加的"校系二级"网络课程管理团队，负责成人学员网络课程的管理工作。这个团队的人员要熟悉和热爱成人教育工作，具有一定责任心，掌握相关计算机知识和技术，并能够解答成人学员提出的专业问题。

第二，在学期之初设置网络课程，在课程开始后，每周对出现的问题进行研究、讨论和解决，在学期末对课程情况进行总结。聘请专职教师担任网络课程的辅导教师，负责回答和解决成人学员提出的问题。

第三，让网络课程管理教师参与网络课程的建设和开发工作，将成人学员在网络课程使用中存在的问题，提供给网络课程的建设者和开发者，使网络课程建设和开发更加具有针对性和实效性。

综上所述，成人教育网络课程教学的实施效果，很大程度上取决于是否有网络课程管理队伍，以及网络课程管理队伍作用发挥得如何。因此，网络课程的管理策略，对成人学员顺利完成网络课程学习具有重要意义。[①]

---

① 崔铭香，曾青云. 成人教育创新——成人教育应对网络化教育的应答［J］. 继续教育研究，2005（5），47-49.

■ 第六章 终身教育下成人教育管理机制创新

第一节 成人教育传播的机制与个性解读

教育是一种社会传播活动，其核心功能是促进人的社会化，即让每个公民都成为遵守社会公约、具备生存发展的素质和能力、具备个体尊严、彰显自身个性和价值的幸福的人。教育传播一直以来都受到广泛重视，因为教育传播可以通过提升人的素质和能力，尤其是劳动技能，促进经济发展和社会进步。

成人教育传播是一个颇具包容性的概念，是指以成人为受众的一切形式的教育传播行为，它的传播对象是成人，而成人这个概念在不同的国家、地区和民族具有不同的含义，具有很大的包容性。在我国，成人教育传播的受众群体应从我国的具体国情出发作出科学的界定。这种界定既不能单纯依据人的生理年龄进行划分，也不能单纯地通过其社会角色的转变作出判断，而应当把二者结合起来考虑。

首先，应当接受法律所认可的成人最低年龄，那就是 18 周岁，因为这个年龄的公民，其生理、心理已基本成熟，其人生观、价值观、生活观已经初步形成，能够对自己的行为做出规划、制定过程、实现目的、评估结果，能够对自己的各项社会行为负责。这个年龄是各项法律认定的成人最低年龄，法律义务的承担、法律责任的划分、法律标准的制定都是以 18 周岁作为成年人最低年龄标准的，所以这一年龄是确定成人教育受众群体时的重要参照。同时，也必须考虑到其社会角色的转变。成人并非完全是一个生理范畴的概念，人是社会关系的总和，独立的社会关系、社会地位和社会角色的形成同样是判定成人身份的重要标准。未成年人最大的特点是对成人有依赖性以及其是被监护人，当一个人能摆脱这种状况，从角色和责任上能够自立甚至监护他人时，其成人身份就毋庸置疑了。

因此，我国成人教育传播受众的确定依据有：达到法定的成人年龄，即年满 18 周岁；其社会角色发生变化，摆脱对他人的依赖性和被监护人的身份，其社会地位和经济能力具有明显的独立性，最突出的特征就是其参与社会财富的创造，已经实现就业。总而言之，可以对我国成人教育传播作出如下界定：成人教育传播是教育传播者依据受众的需要，通过特定的媒介，将适切的内容传授给受众——广大在职从业和曾经在职从业的成年公民，以提高其思想、知识、技能和总体素质的活动。由于成人受众在职从业的社会属性,因此,学校已经不是实施传播的核心场所,社会才是成人教育传播的大舞台。

一、成人教育传播的机制

(一)成人教育传播的构成

1. 传播主体

任何传播活动都离不开传播主体,传播主体对传播活动具有重要的导控作用。大众传播的主体集中体现为固定的传播组织,如报社、期刊社、杂志社、广播电台、电视台、电影公司等。而教育传播,无论是基础教育、职业教育,还是高等教育,由于其主要以学校为传播平台,加上程式化的传播模式和程序化的内容设计,客观上决定了其传播主体主要是各级各类的教学人员,即教师。成人教育传播则有所不同,除了占比很小的成人学历教育实行学校传播外,大量的传播活动是以非学校教育的形式实施的。

由于成人教育的受众群体庞大复杂、教育信息纷繁丰富,其传播主体也呈现出分散、多元、不固定的特征。在信息时代,如果将信息传播看作广义的教育,那么成人教育的传播主体主要包括掌握信息并具备传播能力的任何个人和任何组织,即便是从传统的公民教育视野来看,成人教育的传播主体也呈现出多元分散的特点。例如,面向以追求学历为目标的受众,其传播者是不同学校和教育平台的教师;面向城市居民的教育传播,其传播者可以是专门的教育组织、培训机构,可以是社区文化中心、街道信息服务部门、就业指导中心、家政服务中心,也可以是一些大众传播机构等;面向企业职工的教育传播,其传播者可以是专门的培训组织,可以是指导并推广新工艺的技术员,也可以是指导学徒的大师傅等;面向广大农民的教育传播,其传播者可以是推广实用技术的教师、园艺师、农业技术员,也可以是农村科技带头人、种植养殖示范户、技术明白人等;面向流动人口的教育传播,其传播者可以是劳务输出地的专职培训教师,也可以是劳务输入地的岗位指导员、心理咨询师、技术专家、熟练工人等;面向老年人的教育传播,其传播者多由社区服务中心、老年活动中心、老年协会的有关人员、志愿者和经验丰富的老人承担。

与其他教育传播形态相比,成人教育传播主体呈现多元化的状态——既有公民教育体系内正规的学校、培训机构,也有各级各类社会组织、民间团体甚至公民个人。另外,与普通教育传播主体高度集中于学校平台不同的是成人教育传播主体分布广泛而分散。成人教育受众信息需求呈现多样性的特点,而且受众分布极度分散,从广袤的乡村到繁华的都市,从边疆村寨到海岛渔村,从企业到社区,只要受众有教育需求,相应的传播主体就要承担起教育传播的任务。

总而言之，成人教育传播主体多元分散：一方面，是指其性质、类别、层次的多元、多样；另一方面，是指其地域分布广泛、难以集中。与大众传播相比，成人教育传播的主体更为广泛化和泛社会化，已经超越了学校和媒介组织范围，这体现为掌控信息和具备传播愿望、传播能力的任何组织和个体。大众传播的任何主体，无论报刊社还是广播电台、电视台，都可以在成人教育传播目标的导向下发挥其传播功能。

2. 传播受众

与一般意义上的大众传播相比，成人教育传播的受众是一个庞大复杂，但具备信息接收趋同倾向的社会群体。在我国，成人教育受众群体规模庞大、构成复杂、层次不一、需求多样。就成人教育传播的受众构成和层次而言，既有未曾接受过任何教育的人员，又有接受过正规高等教育甚至拥有硕士、博士学位的专业人员、工程师、管理人员等；既有大批城市社区居民，又有大量的流动人口人员。成人教育传播的受众群体的规模和内部构成，是其他形态的教育传播所无法比拟和无法取代的。其特点可以概括为年龄跨度巨大、职业类别繁多、地域分布广泛、接受能力迥异。受众群体庞大复杂，是成人教育传播面临的不能忽视的现实状况，而且这种状况将是长久甚至永恒的。就受众个体需求来说，成人教育受众的需求有明确的层次之分，概而言之，其学习需求可分为两大类：非学历需求和学历需求。细分其内在动机，则更为丰富多样。

对于广大在职从业者而言，其学习的直接动力来自自身的岗位需求、执业需要、换岗需求、职务晋升或个人爱好，间接动力多来自其社会话语权的获得、个人人格与尊严的维护、个人社会地位的形成和丰富完善自我的欲望。换言之，广大在职从业者学习的显性需求清晰可见，而且多半是功利的，如就业、换岗、提升等需求，这种需求的延伸功能是技能的更新，进而使受众提高自身的劳动效率；其隐性需求往往需要通过显性的需求得以实现，如追求社会地位、话语权、个人价值等，显示出非功利的性质，其功能的延伸是促进社会文明进步和实现个人生活的圆满幸福。

对于曾经在职从业的人员而言，他们已经离开了工作岗位，离开了劳动世界，其学习的目的便少有来自职业和岗位的需求，而更多地来自丰富生活、养生保健、娱乐休闲的个人需求。与在职从业者相比，他们的学习需求更加多样。目前，我国社区教育之所以蓬勃发展，各种社区学习共同体如雨后春笋般涌现，正是这种需求的外在表现。

总之，成人教育受众群体庞大复杂，既指其群体规模庞大、人数众多，还指其构成复杂、覆盖地域广泛、年龄分散以及文化基础参差不齐，更指其学习目的多样、个人需求各异、学习时段不一以及学习形式丰富等。

3. 传播内容

成人教育传播的内容依据接受者的需求而定，具有流动性、丰富多样性等特点。

受众群体的庞大复杂导致受众信息需求空前丰富。从最基本的扫盲识字到高层次的岗位培训，从企业的技术指导到大学后继续教育，从针对新职工的岗前技术培训到针对领导的定期轮训，从社区的文明规范到农村的乡规民约，从学历教育规范下的专业课程到田间地头即时传授的实用技术，从养老保健知识到求医问药指南等，可谓纷繁丰富、包罗万象。

具体而言，对于在职从业的受众而言，其教育传播需求既包括学历目标的需求，也包括非学历内容的需求，而针对他们的教育传播方式如岗位培训、技术指导、现场观摩、参观考察，往往以岗位技术技能提高为目的，其内容永远难以用统一的标准加以规范。对于广大曾经在职从业的人员而言，其教育传播需求涉及他们的生活、家庭、休闲、娱乐、养老、保健以及人文关怀等各个领域。对于老年群体而言，随着老龄化社会的到来，为维护社会稳定、提高老年群体生活质量、提升社会文明水平和公民幸福指数，老年教育的内容将有所扩展，传播任务越来越重。老年群体的教育需求虽然告别了技术和技能等功利目的，但却彰显着教育传播的公益性、人文性和精神价值。

成人教育受众群体这个庞大群体的信息需求量大，表征着成人教育传播内容的丰富多样、包罗万象，而且随着经济社会的发展，教育内容的选择和传递也在不断更新、与时俱进。

4. 传播媒介

在成人教育的传播过程中，其传播主体多元分散、受众群体规模庞大、传播内容纷繁复杂、传播平台和场所的充分社会化，决定了传播媒介的多样性。对于发挥教育传播功能的所有媒介和渠道我们应该一视同仁。

在成人教育中，学校传播是最规范的组成部分，其传播媒介的基本形态是课堂传授以及现代教学媒体的应用。对于非学校平台的社会化传播，其媒介的运用可谓多种多样、兼容并包。所有大众传媒、所有可以发挥信息传播功能的平台和技术，都可以为其所用。从最原始的口口相传到文字媒介、电子媒介，再到以互联网为代表的互动媒介，从报刊、图书、广播、电视到高智能的网络终端，各类传播媒介可以并行、互补、共存，发挥积极的传播功能。传播媒介之间互不排斥，彼此之间也难以相互替代。例如，以互动为特质的网络媒介，正以其快速、便捷、海量和移动化、社交化、视频化、精细化、人性化、轻量化、全覆盖的优势成为成人教育传播的便捷工具。但是，网络媒介永远不可能完全取代口口相传、面对面交流和平面媒体的阅读与思维。各种媒介优长不一、特点各异，将长久融合、互补共存，这是成人教育传播中媒介选择和运行的稳定特征。

（二）成人教育传播的模式

成人教育传播之所以有别于大众传播和其他形态的教育传播，其根本原因在于其自身独特的传播模式，正是这一独特的传播模式决定了成人教育传播的不可取代性。

模式是某种事物的标准形式或使人可以照着做的样式，是一种理论简化形式，具有构造、解释、启发、预测等多种功能。教育传播从本质上来说是人类特有的实践活动，遵循人类传播的一般规律。就教育传播而言，其传播模式应当科学而又简明地反映各个传播要素之间的相互作用，以及这一作用的完整过程，它是对教育传播现象的概括和简明表述，是对教育传播过程各要素的构成方式与关系的简化形式，反映了教育传播现象的本质特征。教育是一种复合传播形态，囊括了从口语、文字、电子技术到互联网的所有传播媒介。在教育传播里，无论是从最基本的口语交流还是到网络的互动，其都在积极发挥着自身的功能，彼此之间无法替代，更不能贸然作出此优彼劣的武断评价。在概括教育，尤其是成人教育传播模式时，应该兼容大众传播模式的优长，作出客观的判断。成人教育传播的模式具体如下。

1. 传播环境启动的模式

教育传播环境启动的模式概括了这样的思维和判断：一般情况下，教育传播者依据一定的传播要求和教育指向（如培养目标、教学计划等），选取合适的教育信息，通过恰当的教学媒体，把这些信息传播给教育受众，受众接收信息后实现信息的内化和个性化建构；同时，将自己的接受情况、要求以及信息和媒体的适切性向传播者进行反馈，传播者根据反馈情况和自己的判断对信息和媒体做出更适切的调整，以不断提升传播的效益。这一看似简单的描述隐含着深层次的含义，即在具体的传播活动中，教育传播者与教育媒体、教育受众、教育信息之间同时发生着相互作用，处于永恒的互动、调适之中。教育传播环境对传播的各个构成要素施加着正反两个方面的影响，虽然不算成人教育育传播的基本要素，但影响着教育传播的具体运作和效益的高低。具体启示如下。

第一，教育传播应该是一个双向互动的过程，尤其是传播者与接受者，作为整个传播活动中最活跃的因素，他们的互动对传播效果具有决定性的意义。在传统教育传播理论中，教育者被视为传播的主体，具有传播的主动权，决定着传播的方向、规模、方式甚至效益；接受者始终处于被动的地位，其接受行为受到传播者的掌控。但是，教育传播者和接受者作为教育传播过程中的两个主体，共同决定着传播的走向、方式、量度和结果，没有绝对的主次之分。

第二，教育传播的目标是追求各个要素之间的适切配合与平衡。可以借助木桶理论对此进行说明。木桶理论认为：一个由多个木条组合成的木桶，其盛水的多少、水位的高低，不取决于最长的那块木条，而取决于最短的那块木条，所以，个别木条的过分高出没有实际意义，可能只是一种浪费。对于教育传播而言，由适切的传播者，选取适切的信息，采用适切的媒体传授给相应的接受者，得到的传播效果是理想的；反之，任何不适切的配合对教育传播效益的提高都是有害的。在教育传播中，任何构成要素的任何变化，都促使其他要素作出相应的调整。所谓"因材施教""教学相长"，本身就包含了对应与和谐的含义，是对教育传播理想状态的概括。

第三，传播环境虽然不直接参与传播过程，但它却构成了传播活动的氛围、背景。环境作为一种"隐性课程"，适切的传播环境给传播活动带来正面影响，对传播效果的实现至关重要。

第四，就完整的传播过程而言，传播者未必一定就是传播活动的启动者和整个过程的天然开端。在信息化背景下，在学习需求引导教育传播的状态中，接受者更可能主动开启并促动传播活动的积极运转。

教育是一种复合型的传播活动，从最原始的口语传播到最现代化的网络互动，其在教育传播中处处有迹可循。教育传播有固定的构成要素，但永远不应该有固定的、一成不变的程式。模式的抽象不能代表传播实践。

2. 传播者启动的模式

传播者启动的模式反映了人类文明史数千年来教育传播模式，尤其是学校教育传播模式，即教师讲授、学员接纳。教师是主体，学员是客体，但是仅凭主客体关系无法认定教育传播的双向互动。因为认定双向互动的基础仍然以传播者主导启动整个传播过程为前提条件，换言之，所谓双向互动，是在传播活动启动后对传播过程的一种描述和概括。但是，在知识经济时代，在信息化背景下，需求成为启动任何活动和过程的源泉。作为教育传播活动中最活跃的因素，传播者和接受者都可能启动并相应地主导传播活动，传播者让位于接受者、教育者让位于学习者正成为主流趋势。由成人受众的个性化需求驱动的主动求知和学习正日益取代由传播者主导教育传播过程的传统模式，是成人教育传播优势与个性的体现。

3. 接受者启动的模式

成人教育以广大在职从业者和曾经在职从业的人员为传播对象，受众群体庞大、复杂，其教育需求各不一样。成人学习并不是对知识技能不加选择的兼收并蓄，而是从个人需求出发对信息进行选择、接纳和建构。个人需求启动整个传播过程，个人需求的满足标志着传播过程的结束和目标的圆满实现。因此，成人教育传播是以广大受众为起点的传播活动，最后又以受众的信息需求得以满足为结束，这是成人教育传播过程的典型写照。

成人教育传播是一种需求驱动的追溯式的传播，其过程如下：首先，受众从自己的工作和生活需求出发，发现并确认自己的信息需求；其次，由传播者针对受众的信息需求确定传播的内容，选取传播的媒介与渠道；最后，传播者把适切的内容及时传播给受众，使受众的信息需求得以满足。和传播者启动的模式相比，接受者启动的模式描述的传播过程客观反映了以需求引导传播、以接受规范传播的特点，从而避免无效传播，实现传播效益最大化。传播要达到听取受众意见进而使受众知晓的目的，其关键在于反馈，在受众传播模式里，反馈以需求的形式出现成为传播的主线，主导着传播的具体措施、信息走向和最终方向，与传播者启动的模式形成了明显的反差。

另外，由计划和方案指导的正规学校传播，需要按照统一的标准、计划、程序，利用相对统一的媒体，向同一年龄段的受众传播统一的信息，最后以统一的标准对传播的效益进行评估。成人教育不是义务教育，也不是为人生打基础的奠基性教育，而是一种查漏补缺性质的面向需求的个性化教育，其本质特征是满足受众的多样化需求和实现教育传播的个性化。尽管部分以学历实现为目标的学校成人教育仍然坚持传播者主导的正规传播过程，但成人教育传播主体不在学校，社会才是成人教育传播最好的平台。成人教育传播由接受者的需求驱动，所以其传播实践具有极大的包容性。传播实践活动包括专业培训、即时指导、经验交流、参观考察、咨询服务等；传播发生的地点可以在专门的培训中心，也可以在工作岗位；传播发生的时间，只要具备最基本的条件，随时可以进行；传播的内容信息更是包罗万象，凡是生活、工作、养生、娱乐等所需的任何信息，都可以成为传播的内容。

由信息和受众需求引导传播的过程，隐含着教育传播内涵的嬗变。当面向成人的教育传播不再奉校园为经典，当终身教育和学习化社会的理论变得更加开放、多元以后，人们必须反思一个现实的问题：在打破学校传播的藩篱，把全体公民视为教育传播的对象之后，传统的教育体系能否承担这个超级繁重的传播任务。面对规模巨大的受众群体，单一的学校传播作用有限，在教育传播中，任何有效的传播形式都必须兼容和吸纳，任何有益于受众身心的信息传播都被赋予教育的意义，任何有益信息的吸纳都可以被看作学习的过程。从这个角度而言，"有益的传播就是广义的教育、有益的接受就是广义的学习"这一观念具有深刻的现实意义。这种认识的提高，既是成人教育传播模式的理性写真，也是建设终身教育体系和学习化社会的客观需求。

尤其是在信息技术高度发展的今天，信息存在并呈现碎片化、无中心、无主题、浅层化的基本特征。面对信息的流动与传播，受众的主动性和个性化需求发挥着关键的作用。判断、接受、内化、淘汰都需要受众，即信息服务的消费者与客户以个性化的需求和眼光进行筛选。整个信息传播过程以受众、客户的需求来启动，以受众和客户信息接收的高效快捷、内化的理想作为评估标准，并以受众和客户信息需求的满足作为传播过程的结束。接受者启动的模式，充分彰显了需求和消费引导传播、学习和接受引领教育的本质内涵，这正是成人教育传播的个性和精髓所在。

（三）成人教育传播的动力

教育传播是一种社会实践活动，任何社会实践都有来自内部和外部的动力驱动和支配，教育传播也是如此。

1. 成人教育传播的动力探索

（1）工具理性视野中的成人教育传播动力

成人教育传播具有工具的属性。工具有个性化的内涵，永远是被动的，工具的职能是服务，其动态运作的动力来源只有一个，那就是外在的需求。

就其工具理性而言，成人教育传播存在的价值就是服务，为经济运行和经济发展服务，为社会的文明进步服务，为受众的个人需求服务。服务是成人教育传播的第一要务。我国公民教育体系为成人教育传播设计了五大任务，即：对已经走上各种岗位以及需要转换工作岗位或重新就业的工人、农民、干部、专业技术人员和其他从业人员，进行相应的岗位培训，使他们在思想、职业道德、文化知识、专业技术和实际能力等方面达到本岗位的规范要求；对已经走上岗位但没有系统接受初等、中等教育的劳动者，进行基础教育；对已经在职而又达不到岗位要求的中等或高等文化程度和专业水平的人员，进行相应的文化和专业教育，使其适应社会的迅速发展和科学技术日新月异的进步；对受过高等教育的人进行继续教育；为建设文明健康科学的生活方式，满足人们日益增长的对美好生活的需要，对成人开展丰富多彩的社会文化生活教育。

上述任务昭示着以下多个方面的内容。需求促成政府部门的决策和政策走向。由于经济社会发展的需求，国家的法制建设以及政府相关部门的政策导向、投资取向、管理措施必然激励、促进成人教育传播的健康发展，从而产生政府层面的动力。需求引导着社会的行为。在市场的调节下，经济社会发展的需求必然导致人力、物力、财力等社会资源向成人教育传播汇集。需求促使传播主体纷纷涌现、传播途径和工具日渐创新、传播内容不断丰富。需求引领着个人的选择。就业的需求、换岗的期盼、晋升的欲望、休闲娱乐的需要等，都成为公民个人进入学习世界从事学习的动力。

综上所述，就其工具属性看，社会层面和公民个人层面等来自经济社会和个人生存发展的需求启动了成人教育传播，现实需求成为成人教育传播的动力来源。

（2）价值理性视野中的成人教育传播动力

成人教育传播具有超越工具理性的价值追求，具备价值理性，主要体现在两个方面：一是对受众精神世界的塑造；二是对社会健康人文环境的建构和对社会共性价值目标的追求。无论是对人的塑造，还是对共同价值目标的追求，都在更高的层次上构成了更高的需求，需求同样启动了社会和受众等层面的选择。

社会层面。成人教育传播不仅实际实用，具备显性的经济效益，而且其目标在于努力参与建构一个安定祥和、稳定有序、有机运转的社会系统。成人教育传播张扬个性但不否定共性追求，敬业奉献但不拒绝个性欲望，并且诚信友善且公平正义、互助包容又和谐自由、平等公正更兼民主法治。这是社会发展的美好愿景。愿景的价值在于引领和召唤，这一愿景促使成人教育传播通过塑造成人实现对理想社会的建构。

受众层面。丰富知识、完善素质、维护尊严、彰显个性、实现价值、追求幸福，这是人之为人的本能，也是人作为社会关系总和追求的共性目标与梦想。为了目标和梦想，广大在职从业和曾经在职从业的公民重操学业，成为教育传播的受众。或出于岗位需要，或出于生活的欲求，大家追求梦想的欲望和需求促动着以学习接受为主体的成人教育传播的发展，并经久不衰。

总之，无论是工具理性视野下现实功利的需求和驱动，还是价值理性视野下永恒价值的引领与召唤，成人教育传播都需要结合现实砥砺前行。经济社会需求的驱动外在而显性，作为成人教育传播的外在动力，它突出而强大；公民完善自身的需求内在而隐性，作为成人教育传播的内在的动力，它含蓄且永恒。成人教育传播外在的、显性的动力促进着其直接功能的发挥，内在的、隐性的动力引导着其间接功能的实现，其外在、内在动力驱动隐性、显性功能实现的过程，彰显着教育传播工具理性与价值理性的高度统一。

2. 成人教育传播的动力系统

成人教育传播的动力与传播实践之间构成了一种复杂的、复合型的因果关系，这种关系形成的原因：成人教育传播是一种多因素社会活动，其动力来源不一，既有经济发展的需求，也有社会进步的需求，更有满足个人发展的需求，还有信息自由流动之"势"的助推，因此成人教育传播动力呈现多元化分布的状态；各个动力元素的分布有隐性与显性之分，功能发挥有直接与间接之别；各动力元素发挥作用的时间、环节、持久度各不一样。

换言之，成人教育传播的各个动力元素依据自身的定位和功能，彼此之间通过相互作用构成了一个复合的动力系统，其系统构成有层次之分和内外之别，最终呈现为一个复杂运转的系统。其初级的动力表征为信息的自然流动之"势"，属于内在的、潜在的动能。信息为流动而诞生，一经产生，就进入了潜在的流动状态，存在流动之"势"，并在外力作用下，遵循由高地向洼地、由富庶区向贫瘠区流动的自然状态，其自由、自然、无序流动，为教育传播奠定了运作的动力学基础和背景；同时还促进着规范的学校传播之外的社会教育传播活动的发展，尤其当非目的性传播和接受成为成人知识建构、能力养成和素质提升重要渠道的时候，这一初级动力，虽然是潜在的动力，但是其作用不可低估。第二级动力是受众个人的学习和接受欲望，是个性的、多样的，但目标归一、愿景大同，即完善自身、维护尊严、实现价值，但它是内隐的。第三级动力来自经济社会的发展需求，这一动力最为直观而且强大，以至于常常误导大众的认知，使人们将其当作成人教育传播动力的全部，而实际上它只是动力之一。

（四）成人教育传播的功能

1. 直接的、隐性的功能

成人教育传播作为一种信息传递活动，遵循信息有目的流动、反馈、互动和内化建构的规律。传播者和接受者是传播活动中两个最活跃的因素。通过系统的教育信息传递，可以发现它促生了这样的结果：受众掌握的信息量的增加、知识的丰富、素质的提高，包括对社会公约的认知、对生活知识的掌握、对社会伦理道德的理解和接受、对社会实践的熟知和参与、对自我心理的建构等。

成人教育传播使接受者成为一个合格的社会成员、一个初步社会化的公民，使其具备一个公民所应当具备的知识、素质、心理和能力，使其学会求知，学会做事，学会协作共处，学会如何生存，即从一个自然人成长为一个合格的"社会人"。这是成人教育传播功能的第一次凸显，是成人教育传播最直接功能的首要表征。至此，成人教育传播已经完成了信息传递、接受、内化、建构、升华的所有环节系统，由此可见，其直接、核心功能就是使一个自然人成长为一个有知识、有素质、有能力、有健康心理、有高尚的人格、有价值和尊严的幸福的人。简而言之，成人教育传播促进人的社会化、塑造完美的"社会人"这一功能已经得到充分实现。塑造完美的"社会人"、完成自然人的社会化，是包括成人教育在内的教育传播的直接、核心功能，也是内在的隐性功能、稳定功能和非功利化的功能。

2. 间接的、显性的功能

由隐性到显性，由核心到边际，先有隐性的、核心功能的发挥，后有显性的、间接功能的实现，这是传播学视野中教育功能发挥的基本路径。教育传播核心功能的后续效应和间接扩散成就了其强大的显性功能，即经济和社会功能。换言之，教育传播的显性功能是促进经济的发展和社会的进步，这一功能是其塑造"社会人"功能的合理延伸和边际效应，但却是大家聚焦的核心。教育传播的经济社会功能是其显性功能的主体，它是间接的、外在和显性的、动态发挥的，也是功利化的。

第一，成人教育传播的间接功能。与成人教育传播核心的内在功能相比，教育传播经济和社会功能的发挥是间接的，这一功能的发挥与传播活动本身不构成直接的因果关系，单纯的教育传播无法产生直接的经济社会效益，而必须经过塑造"社会人"这个中间环节。具体而言，教育传播产生现实的效益，要通过"社会人"的后续行为才能达到。教育传播的经济和社会功能具有边际效益和延续性，是塑造合格"社会人"这一功能的边际效应与合理延续。没有教育传播的核心功能，其经济社会功能无从谈起。

第二，成人教育传播的外在显性，是因为这一功能显而易见，可以评估分析，可以量化，可以计算投入产出，可以通过设计、规划、管理、投入等环节加以约束管控以达到目的。

第三，成人教育传播的动态发挥。成人教育传播的动态发挥，是因为在主体"社会人"完成塑造以后，其经济和社会价值的释放不是一次性的，而是持续终生的一个过程。随着终身教育传播体系的建设和完善，人生就是一个学习、建构和价值释放的过程。

第四，成人教育传播的功利化。由于这一显性功能的发挥来自经济发展和社会进步的迫切要求，既是现实的需求，也是永恒的期盼，不仅带来了经济的发展振兴、社会财富的增加、国家地位的提升，而且促进了社会的文明进步，为国家、民族的发展带来现实功利以及管理的合法性和能效性。

（五）成人教育传播的途径

1. 人际传播

人际传播是成人教育传播中最传统、最基本的传播方式。在原始社会中，无论是渔猎、耕种的经验，还是易货贸易、部落间的沟通，必要的传播实际上就表现为人与人之间的口传身授。在成人教育传播的演进过程中，人际传播始终能够不断优化、滋养和壮大，发展到今天标准化的课堂讲授、学术报告、专题讨论等，已经是高度集约化的人际教育传播形式。正是由于成人教育传播巨大的包容性，在信息化主导的知识经济社会，尽管经济文化的发展、科学技术的进步到了很高的层次，但最原始的人际传播仍然是信息传播最基本、最自然和最普遍的形态。人际传播与远程网络传播形成了生态位基本分离、彼此个性和优势得到不断强化的互补及协作共生状态。

目前，在学校平台的成人教育传播中，人际传播是主体，无论是课堂、讲座形式，还是考察、讨论形式，人们总是通过面对面的直接交流实现信息的流动和能效的发挥。人际传播可以是点对面的放射性信息流动，如课堂和专题讲座，可以是面对面的互动式交流，如群体之间的考察、参观、沟通、交流，也可以是点对点的信息交换，如一对一的信息传递、指导等。尽管随着现代信息技术的迅速发展，远程传播和网络传播正成为学校成人教育传播的重要手段，并在一些传播环节和专业领域开始取得优势地位，但总体而言，人际传播的地位和作用始终难以动摇、无法被取代。

对于社会性的成人教育传播而言，其受众群体庞大，传播任务艰巨复杂、传播主体多元化、传播媒介兼容并蓄，因此，形成了以人际传播为基础的组织传播、大众传播（包括远程和网络传播）共生的局面。受众需求的信息具体通过哪种方式和途径来实现，要看具体的条件和预先的效益评估。

2. 远程传播

文字和印刷术出现以后，知识和信息不但可以长久保存，而且可以传播到更加遥远的地方，于是原始的远程传播出现了。报刊图书的扩散、人们的书信往来，构成了平面媒体时代人们远程信息沟通的基本形式，这也是一种教育传播的形式。而电子信息技术的诞生，标志着现代远程教育传播时代的到来，以电子信息技术为基础的远程传播，由最初的萌芽到今天的空前繁荣，已经走过了一个世纪的历程。广播、电视、卫星等现代信息技术的成熟和普及，为成人教育传播提供了极大的便利，其最大的优势是突破了人际传播的时空限制，实现了传播活动理论上及技术上的扩张，这一优势，与成人教育传播对媒体技术的需求是高度吻合的，原因如下。

第一，成人教育受众规模庞大、构成复杂、需求不一，传统的人际传播尤其是课堂传播无论如何难以包容成人的信息需求，而远程传播具有空前巨大的容量和覆盖面无疑为成人的信息需求提供了圆满实现的可能。对远程传播而言，一个节目，无数受众观看；一个课件，成千上万人受益。只要具备最基本的条件和设施，即使身处边远地区，也可以得到及时的信息服务。

第二，成人教育传播内容丰富，尤其是社会性传播，所涉及的内容是传统的课堂传授无法超越的。远程传播以其巨大的功能和容量，可以实现从最基本的读写算到最现代化的科技知识的传递，其容量之大可以满足传播内容的各种要求。成人从事生产、生活和娱乐所需要的各种知识和信息都能从中得到满足。

3. 网络传播

以计算机和互联网为核心的网络技术一经诞生，就以大容量、全方位，以及平等、民主和即时互动的特长，占据了信息高地和传播的优势地位。网络传播对信息的超级负载能力是人际传播和传统远程传播难以企及的，其传播的自主、自由性也是空前的。在网络环境下，传播主体和接受主体角色同时淡化，双方取得了前所未有的平等地位，成人的教育需求可以在主动的学习中得到最大限度的满足。与现有的围墙式课堂教育相比，网络教育具备教育内容的广泛性、教学环境的虚拟性、学员学习的能动性、学习过程的交互性和教学管理全天候服务等特点。网络传播，其传播过程不再有固定的程式和时间地点限制，真正实现了教育和学习的生活化，实现了有教无类、教学相长等古老的教育理想，实现了网络环境下传播的低门槛、无障碍。

作为成人教育传播的基本途径，人际传播、远程传播和网络传播在经历了彼此的冲击、互动和此消彼长后，长期处于稳定的共生状态。对成人教育传播而言，人际传播、远程传播、网络传播共生并不是灾难的开始，而是效益传播的福音。因为，成人需求的不稳定状态，尤其是社会性传播天然的流动性、波动性、不规范性，客观上需要传播途径的灵活机动、随机应变。不同的对象、不同的时间和地点、不同的内容，对传播途径有着不同的要求。在具体的传播过程中，对传播途径和媒体通道的选择应坚持便捷、实用、节约、高效的原则，这也是成人教育传播途径与方式选择的基本要求。面对受众的信息需求，以怎样的方式和途径提供服务，上述原则可以作为基本的判断标准。

二、成人教育传播的个性解读

作为教育传播重要的组成部分，成人教育传播集中体现为成人教育信息的传递和成人教育信息系统的运行，其面对的受众是在职从业和曾经在职从业的广大成年公民；其直接目的是接续正规的学校教育，进一步塑造高度社会化的幸福公民，扩展其知识，提升其技能，完善其素质，从而提高其生存和发展的质量。信息社会里，把握成人教育传播的基本特征要充分关注以下几个方面。

（一）成人教育传播的无限包容性

成人教育传播从诞生开始就与人们的生产生活联系在一起，是生产生活的有机组成部分，甚至就是生产生活本身。从过去最简单的劳动生活知识、技能的传递和世代传承，到现代网络平台的海量信息传播，理论上而言，其覆盖范围始终是所有社会群体，是面向全体成人的信息传播，对受众是一种无选择的全纳态度。而这种全纳性的包容，始终处于动态的扩展之中。伴随社会实践领域的拓展，面向成人的教育传播呈现无限的成长态势，一直在路上，没有明确的终点。

成人教育传播无限的包容性，在信息社会里得到了充分的体现。随着信息技术，尤其是网络技术的强势扩张，新媒体技术迅速发展、应用广泛，这种包容性可无限扩展。从传播性质而言，成人教育传播既包括非社会性质的内省式传播，即自体传播，也包括社会性质的人际传播、组织传播、大众传播和互动传播；从传播媒介和传播手段而言，成人教育传播既包括口语传播，也包括文字传播、电子传播和网络传播。成人教育传播兼容所有的传播手段和形式，以实现教育信息传递过程和效果的最优化为目标。在成人教育传播中，最原始的口语传播和最现代化的网络传播共生共存，最个性化的自体传播和最社会化的大众传播相得益彰。由于成人教育以非学校传播为主，具有非规程化、不固定、灵活机动的特性，因此，超越学校教育程序化模式的内省式传播。大众传播尤其是网络传播，似乎更能适应成人学习的特点，产生更大的传播效益。

在信息时代，如果从终身教育和学习化社会的视角出发，把一切信息传授视为广义的教育，把一切信息接收视为广义的学习，成人教育传播内涵和外延的包容性就得到了无限的拓展，并将一直处于动态的成长之中。

（二）成人教育传播迥异于大众传播

大众传播是以社会大众为受众目标的所有传播活动的总和，是专业化的组织通过一定的传播媒介，在国家法律制度的规范下，对受众进行的大规模信息传递活动，是社会规范化传播活动的主体，包括报纸、期刊、图书、广播、电视、电影、网络等传播形式。由于成人教育传播大多具有非学校性质，再加上其非规程化的特点，与其他教育传播形态相比，成人教育传播在一定程度上具备了大众传播的某些特性，但本质上而言，成人教育传播仍然具有鲜明的个性，迥异于大众传播，具体表现为以下四个方面。

1. 传播目的方面的迥异

就传播的目的而言，大众传播具有模糊性、间接性。大众传播的功能主要是发布信息、沟通情况、提供娱乐、陶冶情操，因此其信息选择具有较大的随意性、时效性、新颖性，其运作的核心目标是能引起关注和轰动、最大限度地吸引受众注意。成人教育传播，在受众特定信息需求的引导下，传播目标清晰，具有直接性，伴随着传播活动的开展，其传播效果未来可期。虽然与规程化的学校传播相比，成人教育传播具有非规程化和自由灵活的特性，但这并不影响其目的化和目标化传播的本质。

2. 受众群体方面的迥异

大众传播的受众是全体公民，对公民群体没有刻意的选择性，而且受众具有很强的流动性。虽然大众传播总是试图准确把握和掌控受众的取向、规模、心理和群分状况，从而尽力使传播具有针对性和目的性，但传播活动却往往因为受众群体的流动、注意力的转移或者一些突发事件而改变初衷，进行调整。大众传播一般以潜移默化的手段对受众施加影响，而不是采取强迫手段让受众接受信息。成人教育传播则有明确的受众群体，即在职从业和曾经在职从业的人员。明确的目的性决定了成人教育传播具有特定的内容和稳定的路径与通道。成人教育传播肇始于受众的现实需求，在具体的传播活动中接受受众需求的规范，在受众的引领下实现传播目的，使传播效果不至于偏离最初的目标。

3. 传播运营模式方面的迥异

大众传播的运营模式是传播媒介将优秀的产品提供给受众，以吸引受众的注意力，然后再把受众的注意力作为稀缺资源和商品，售卖给广告商。这一运营模式的效益判定依赖于滞后的分析评估，不可能有预先的、明确的效益分析认定，具有盲目性。成人教育传播的运作，其经济、文化等目标更为明确，传播的方向、目的和原则，对传播者、受众、传播内容、传播程序和最终效益的发挥有着直接的影响。其目的是保证成人教育传播的行为和结果符合社会、经济、文化等发展的基本要求。因此，与大众传播相比，成人教育传播的目的性更强、目标更直接、效益更为明显。

4. 反馈模式方面的迥异

成人教育传播与大众传播活动的反馈模式不同，这也是分析二者区别时必须关注的问题。传播学在理论上的最大贡献是借用系统论、信息论和控制论的理论模式，把系统、信息和反馈的概念引入对传播活动的研究，试图建立传播规律的理论体系。传播学理论的建构直接受益于以信息论和控制论为基本工具的系统论。按照系统论的观点，要实现对系统的有效控制，必须引入反馈机制。无论何种传播行为，反馈都是控制过程、实现目标的必需。不同的传播活动具有不同的反馈路径。除网络传播外，传统意义上大众传播的反馈具有滞后性，反馈过程缓慢，而且具有结果性反馈的特点，其反馈的作用主要在于对传播结果的总结和对后续传播的借鉴指引。成人教育传播则不同，由于其传播活动目的明确、过程可控、路径清晰，并且得到受众的全程监督，其反馈往往是即时的，是传播过程中的反馈，即过程性反馈。尤其是网络全方位介入成人教育传播以后，传播反馈体现为对传播活动的实时调整修正，以保证传播不偏离既定轨道。

（三）成人教育传播有别于其他教育传播

成人教育传播是宏观教育传播的有机组成部分，在本质构成、根本任务、基本运行规则等方面，与基础教育传播、高等教育传播、职业教育传播具有共性的规定性特征。但由于受众群体、传播内容、传播形式、反馈环节的差异，成人教育传播也表现出鲜明的个性特征。

1. 受众群体方面的差异

就受众群体而言，其他类别的教育传播无论基础教育、高等教育还是职业教育，都是阶段性的，其传播对象是特定年龄段的人群，主要集中于青少年群体；而成人教育的受众则是在职从业和曾经在职从业的成年公民。在一定意义上，成人教育传播真正实现了对公民终生和社会全员的覆盖。就我国而言，成人教育传播的受众对象，包括农村从业者、城市流动人口、公务员群体、事业单位员工、产业工人以及所有离退休人员等，受众人口规模超过数亿，这个规模是任何其他形态的学校教育所无法包容的，这也是成人教育传播受众群体的特异性所在。

2. 传播内容方面的差异

就传播内容而言，其他教育传播主要体现为以社会需要为指向，以传播者为主导，遵守严格程序和规范，对作为社会新成员的青少年受众进行知识、能力和精神的建构，通过系统的传播活动将受众塑造成特定类型的合格公民。教育传播的出发点是为经济和社会发展提供最基本的人才支持、智力储备。正像珍妮特·沃斯（Jeannette Vos）和戈登·德莱顿（Gordon Dryden）在《学习的革命——通向 21 世纪的个人护照》中所分析的，"今天的教育，在很大程度上仍然类似于不断衰微的工业生产方式：分成各个科目、按单元进行教学、按年级排列并有标准化考试控制的标准装配线式课程"。然而，这已经不再反映人们现在生活的时代的需求，传统教育体制已然无法满足现实提出的新要求。

成人教育从受众的个性化需要出发，对其现有的知识构成、能力现状和既有素质进行查漏补缺、丰富完善、强化提高。其教育目的更为直接，出发点和落脚点除了系于受众的现实需要，更关注受众人格的完善、素质的提升、心理的呵护、尊严的维护和人生价值的实现。成人教育以灵活机动的流程取代规程化的僵化的模式，以发端于受众现实需求的信息服务和学习指导取代标准的流水线式的教学课程。

3. 传播形式方面的差异

其他教育传播由于目标固定、内容固定、受众范围和规模固定，多以学校传播为主，主要采用集中传授的形式，辅以大众传播和网络传播。成人教育传播由于受众群体庞大、层次类别构成复杂、个人需求不一，难以采用一致的学校传播形式，因此，其传播手段更为多样化，如口语传播、文字传播、电子传播、网络传播等。此外，以即时互动为标志的网络传播，在成人学习中发挥着重要的作用，而且将逐步成为成人教育传播的主要形式。

总之，成人教育传播从单纯的课堂教育转向使用多种传播媒介作为教育手段，已经脱离了单纯的人际传播和组织传播的界限，成为包括大众传播在内的多种方式相结合的传播。

4. 反馈环节方面的差异

成人教育传播的反馈环节也有自己的个性。其他类别的教育传播，由于目标化的知识建构、能力养成和精神塑造已有完善的程序加以规范约束，反馈主要体现为以相对固定的指标为依据，对传播环节甄别矫正和对效果评价。成人教育传播由于其受众工学兼顾、学为实用，其反馈更突出地体现为以工作和生活的现实需要为依据，对传播活动从程序、内容到形式实时调整以及对传播效益评估。

综上所述，内容丰富、受众广泛、形式灵活，成就了成人教育传播的多样化与包容性，这是其他任何教育传播形态都不具备的特点，成人教育传播也因此表现出鲜明的传播优长。从传统的学校传播到现代成人教育传播这一过程体现着一系列本质性的转变：传播的目的由对社会新成员的基本知识和能力的建构，转变为对成人知识、能力的查漏补缺和更新、提升，进一步转变为塑造圆满的"社会人"；传播模式由传统的传播者主导的信息传递模式，转变为由接受者促动的学习与接受的模式；传播的平台由传统的学校，转变为可以进行信息传播活动的任何场所；传播者由学校传播中的专门人员——教师，转变为掌握信息资源的任何人；传播受众由传统学校传播的学龄期人员，转变为任何有信息需求的成人；传播流程由传统学校教育的基本上的单向信息流动，转变为双向信息互动；传播内容由相对稳定的系统化的编程信息，转变为受众随时需要的任何知识、信息和技能；传播时间由学校传播的专门时段，转变为条件允许的任何时候。①

第二节　基于终身教育的成人学习需求的管理机制

成人作为一个成熟的个体，其学习需求是成人在社会中成长与发展的一个基本条件。当下的组织机构、社会科技等在不断满足成人需求的同时，还要对成人学习需求进行有计划、有组织的管理。

学习需求可以这样进行方面界定：目前的学习要求及未来工作要求；为了适应未来社会需求所应学习的内容；学习者在学习过程中必须做的事情；学习者本人希望从学习过程中获得的东西。本书从广义与狭义两个层面阐释成人的学习需求定义：广义的成人学习需求是由于外界客观环境的改变，成人被动地接受环境变化后对于成人提出的学习需求，以此来适应外界客观环境的发展变化，这种学习需求运行的过程属于供给关系，即以需求为中心提供有效的供给；狭义的成人学习需求指的是在成人自我成长过程中由于知觉匮乏而引发的学习需要，这种需求由成人自身决定，成人自身作为学习的主体，自己可以为自己的学习计划、学习成果负责。由此可得，成人的学习需求具有多样性、阶段性、复杂性等多方面的特点。

---

① 陈明欣.成人教育传播研究：以媒介生态学为视角［M］.山东：山东教育出版社，2017：42-94.

一、基于终身教育成人学习需求管理机制的意义

（一）促进成人的全面发展

随着全面发展的教育理念的深入，成人的学习组织不仅需要关注成人学习知识的增长，而且需要关注成人主体价值的发展。因此，实施基于终身教育的成人学习需求的管理机制建设，是落实培养成人的认知与情感的统一的成人教育目标，进一步实现成人的全面发展的重要手段，主要可从以下四个方面体现出来。

第一，在学习资源的管理上，成人学习需求管理机制从成人学习的特性出发，充分发挥成人作为"社会人"的角色以及成人具有丰富的社会经验的作用，成人教育课程内容应致力于探索最有价值的知识，满足成人实用性的特点；课程内容的组织应符合不同年龄的成人身心发展特点；课程组合的比例应向趋于动态化发展，以满足不同种类的学习需求。

第二，在学习方式上，成人学习需求管理机制通过利用现代信息技术对成人的学习进行多样化、个性化等多方面的学习管理。

第三，在学习组织方式上，成人学习需求管理机制打破传统的班级授课制，通过社交平台以及分组性的课外实践活动的开展，对成人学习需求进行群体化管理，建立学习型组织。

第四，在学习成果的评价上，成人学习需求管理机制将结果性评价转变为以形成性评价为中心，继续深化"国家级学分银行"改革。不仅重视学员的学习成绩，还重视学员在学习过程中表现出来的个人价值观念以及个人道德素养。

（二）追求科学人文主义

管理是有目的、有组织地通过计划、组织、领导、协调、控制等措施来科学地协调组织各种要素，最终实现科学管理。成人学习需求管理机制不仅体现出管理的科学性，还体现了回归成人学习主体价值的科学的人文主义的特征。

第一，科学性主要体现在成人学习需求管理机制利用心理学的知识对成人的学习特点、学习动机以及学习规律等，进行科学的分析，并根据成人学习的客观规律作为科学需求管理的依据。例如，线上学习为成人学习提供了一种有效的学习方式，线上学习平台不仅解决了学习难题，提高了效率，达到了事半功倍的学习效果，还能打破时间与空间的限制，实现自主学习和个别化学习。

第二，人文主义主要体现在成人学习需求管理机制运行过程中，将以成人为本的理念贯穿始终，从管理目标、管理过程以及管理评价上，以成人为中心关注成人主体的价值以及综合素养的提升，实现成人在学习过程中认知与情感的统一，进而塑造成人的完整人格。

（三）谋求回归社会生活

成人既是社会中的人，也是自然中的人。成人不仅需要承担社会的责任，还需要承担家庭责任。成人在学习需求上会更加具有社会主义色彩和明确的实用性、目的性，因此，对成人学习需求管理机制的建设是成人回归社会生活本身的重要途径。

生活即教育，社会即学校，教学做合一，这对成人学习需求管理机制建设具有很大的启发作用：一方面，成人学习不仅要引导学员从做中学，还要从学中做，达到手脑合一、知行合一的目的；另一方面，成人教育应以问题为中心，引导成人去反思总结，进而用实践检验真理，最终培养成人的反省思维以及解决问题的能力。结合以上分析，基于终身教育的成人教育学习需求管理机制建设以生活教育理念为核心，其目标是使成人回归真实的社会生活。

（四）深化终身教育理念

在《终身教育引论》中，法国著名成人教育家保罗·朗格朗（Paul Lengrand）通过对终身教育的探索，揭示终身教育对于在人生不同阶段的教育意义，并提出如下终身教育原则：保证教育的连续性，以免知识过时；使教育计划与方法适应社会的具体要求与创新目标；在各个阶段培养新人，使人适应进步、变化、改革的生活；大规模运用各种训练手段与信息；在各种形式的行动和教育目标之间建立密切联系。总之，社会的不断发展与创新要求每一个人都需要通过教育使自身不断进步，以适应日新月异的社会生活。无论是哪一阶段的人，都应该积极学习，不断提升自我，才能在不断发展的社会中体现自我价值。

成人学习需求管理机制的建设是深化终身教育理论研究的重要体现：一方面，激发并满足了终身教育理论下成人参与终身学习的积极的学习需求；另一方面，有效管理了不同阶段、不同层次的成人学习需求，并实现了成人在终身教育理念推动下的全面发展的目标。

二、基于终身教育成人学习需求管理机制的建设

管理机制主要指的是管理系统内部的结构以及运行机理。从成人学习需求的管理机制出发，管理机制可从以下三个方面来理解。

第一，管理机制是搭建系统内部各要素之间关系的桥梁，主要体现在对成人学习需求的全过程进行有目的、有组织、有计划、有监督、有反馈的管理，保证每一个流程的互通性以及衔接完整性，进而保证成人学习需求的学习效益与社会效益的统一。

第二，管理机制是对系统内部各要素结构与功能的组合。根据结构与功能

的关系可知，系统的结构决定功能，功能又能够反映结构。在成人的学习需求的管理中，管理机制是将成人的学习需求中的各要素进行有效整合，实现促进成人全面发展以及推动学习型社会建设的功能。

第三，管理机制是系统内部各要素运行的标准与规范，是一切管理的基础：一方面是可以衡量管理的科学性与有效性；另一方面使成人学习中的每个个体能够不断地规范自身学习需求、学习态度、学习行为等，成为一个学会学习的完整的人。

管理机制的建设不仅是对内部各要素的有效整合与规范，还需要结合外部的环境影响保证管理机制的灵活性、可调性以适应各种变化。因此，要建立系统性的成人学习需求的管理机制，应着眼于管理机制内在的运行规律和成人学习需求变化的独特性。

（一）运行机制建设

运行机制是管理机制建设的基础。运行机制是组织结构运行的基本方式，其表现组织运行的基本原理及其活动方式。因此，成人学习需求管理的运行机制是对成人学习需求进行流程化管理的过程，也是一个动态循环的过程，是以满足学习需求为管理关键的聚焦性以及针对性的管理过程。此外，成人学习者在学习过程中可以收集精准与整体的学习内容，正面应对现实并给予评估，具备公平地加入交流、发问和深思等机遇，可以把实际的、正面的以及有据可循的想法作为测试的依据，等等。因此，运行机制是采用流程化、系统化的方式构建，通过"需求辨识—需求整合—需求分类—需求监管—需求反馈—结果评估"的模型，对成人学习需求管理的运行机制进行科学的分析、整合、分类、监督与控制等及时的跟踪、管理学员的学习需求，以保证学员学习需求管理的全面性以及科学性，并为成人学习的多元性以及个性化服务提供科学的依据。通过对学习需求信息的全面采集、精准分析、科学评价、高效回应、持续追踪，力求实现对成人学员问有所答、疑有所解、难有所帮、学有所成。

1. 需求辨识阶段

需求辨识是运行机制的关键环节，直接关系着需求管理的结果评估。成人的学习需求管理应该回归以成人为中心，关注成人的学习需求。由于成人的学习需求具有多样性、复杂性、不稳定性等特点，无法对成人的学习需求进行简单的分类，需要关注成人学习需求出现的动力源泉——动机。需求作为动机的基础，既对动机具有激发引导作用，又会受动机因素而影响需求的变化。因此，此处的需求识别是以取向动机作为标准，辨别正向动机，剔除负向动机，主要采用动机理论，归纳总结正向动机为目标取向动机、活动取向动机、学习取向动机。

2. 需求整合阶段

需求整合阶段主要是将收集到的大量的、杂乱无章的学习需求进行有效的整合并重点关注与了解成人的学习需求，为解决成人的学习问题提供依据。因此，在整合需求的过程中，要关注所收集需求的全面性以及充分性，不仅要收集在校学习成员和非在校成人学员的学习需求，而且需要收集不同年龄阶段成人的学习需求以及办学机构内外的教师、企业讲师、管理者、研究者等掌握的需求信息。需求整合主要采用问卷调查方法，使收集的数据更具有代表性以及普遍性。

3. 需求分类阶段

需求分类主要是对上一阶段整合的需求信息进行编码分类。一方面，可从成人生命成长规律进行出发，将成人的学习需求分为青年期、中年期、老年期；另一方面，可根据第一阶段对于成人的辨识——成人学习取向动机分为社会、活动、学习三个方面。关于需求的分类必须坚持需求分类的灵活性，无论从生长周期划分，还是从学习动机划分，各需求之间都包含着共通性以及差异性。因此，从需求实现的目的层次进行整体的归类，可将成人学习需求分为以下三类：第一类是以关注成人内在需求的成人学习性需求；第二类是以适应社会发展以及具有目的性的社会性需求；第三类是其他个性化的学习需求。

4. 需求监管阶段

监管是以解决成人学习需求的问题为目标导向，进而在管理中发现问题、改正问题的一个监管过程。首先，"监"是对管理过程的具体措施以及方式方法运用得是否恰当与合理的监督。例如，在学习方式上，可以通过慕课、网络学习、手机应用程序等丰富的成人学习方式，而这样的学习方式是否适合每个成人、是否有负面影响等则是监督的任务。其次，"管"是对监督的这个过程出现的问题进行及时有效的管理，以完成管理的最终目标。最后，总体上说，监管既是预防问题又是管理解决问题的过程。

5. 需求反馈阶段

需求反馈主要是对上一个阶段中监管的结果、处理的问题进行如实的反馈，并及时记录在案。首先，对已经解决的问题吸取经验教训并做思考总结，避免下次遇到此类问题时缺乏解决经验；其次，对尚未完全解决的问题请求支持服务并持续进行跟踪，保证每一个问题都能够得到有效的解决，保证管理运行过程零概率失误。

6. 结果评估阶段

结果评估是对前面所有阶段的运行过程进行总结评价，主要聚焦于成人学习需求是否满足以及成人的学习目标是否达成。同时，还关注成人整体素质的提升，使评估结果更加人性化与科学化。可将评估分为合格与不合格，对于不合格的评估结果，需要重新制定学习需求管理策略，返回运行机制的首端，再继续执行流程，直到合格为止。

（二）动力机制建设

动力机制是管理机制的驱动力。动力机制是驱使管理内部要素动力的产生以及运行的重要机制。

1. 以落实终身教育理念的政策推动

政策是对社会的价值追求以及价值观建立的保障，可以通过政策本身的权威性来推动成人终身教育的建设。一方面，在思想上建立终身学习的意识；另一方面，在实践上为帮助社会公众实现终身学习提供丰富的资源以及空间平台。例如，开放大学、社区图书馆、网络与继续教育院校等为成人参与正规学习、非正规学习提供了广泛的途径。同时，现在推行的"学分银行"制为成人的正式学习以及非正式学习搭建了沟通的桥梁，使成人学习得到社会认可并保障了成人学习的合法性。因此，政府通过善用政策的推动可以充分发挥成人学习的动力机制的驱动作用，进一步深入落实终身教育理念。

2. 以学习型组织为中心的社会心理推动

以学习型组织为中心的社会心理推动主要指的是在成人学习组织上，通过采用学习型组织的方式组织成人进行团体学习：学习型组织可以为成人的学习营造氛围，帮助成人尽快融入学习角色和学习状态，并充分发挥成人学习的积极性以及合作性；学习型组织以成人的社会心理发展规律为依据，通过构建相同的组织愿景、组织目标，让每个成员充分发挥个体能力为组织目标的达成而努力；学习型组织不仅满足成人作为社会人的交往性需求，还充分调动成人学习的积极性以及主动性。总而言之，学习型组织为营造学习型社会提供了切实有效的实施路径。

3. 以转化成人学习需求目标的利益驱动

成人作为社会中的人，在学习需求上较多体现出鲜明的功利性倾向。因此，在学习需求管理中，应将成人这种利益驱动的学习需求作为一种直接的动力源，它不仅可以帮助成人尽快进入学习状态，还有利于提高成人学习的主动性与积极性。但是，由于这种需求具有暂时性以及不稳定性，在受到利益驱动时，还需适当引导与激发成人的成就动机，帮助成人在成就动机中弱化表现目标，强化学习目标，进而将利益驱动的目标转化为追求自我成长的需求目标。除此之外，社会与企业还需要改变评价人才成长的标准，不仅要关注成人的科学技术知识的增长，还要关注成人综合素养的提升。

（三）约束机制建设

约束机制保证管理机制的平衡性。约束机制是指对管理内部各要素之间运行的行为进行限制与修正的机制。在成人学习需求管理中，主要是指对成人的学习需求、学习方式方法等方面进行限制与修正。

1. 以制度规范为核心的约束

以制度规范为核心的约束主要体现在终身教育理念下的终身学习政策。一方面，政策应遏止成人教育的快餐化发展趋势，帮助成人建立终身学习的继续教育机制；与此同时，还应该建立具有中国特色的终身教育法律，推动终身教育理念的实践化发展，为社会成员参与终身教育提供合法的保障与广阔的平台。另一方面，政策的制度规范应避免循规蹈矩的管理倾向，应该保证管理的灵活性以及可适性，进而切实落实权力下放。最终，以"一松一紧"为中心的权力约束维持管理机制的平衡，促进管理的科学化发展。

2. 以物质条件为标准的约束

根据利益驱动理论可知，成人学习需求的产生会受到利益驱动，进而使成人参与成人教育；相反，利益也会约束成人参与学习的意愿，此处的利益主要是指物质利益。一些地区的成年人，由于受家庭生活条件的限制，没有可满足其学习需求的条件，这些人的学习受到限制。因此，在成人学习需求管理机制建设过程中，要提高企业的参与度，实现管理机制内部的资源平衡，开展多种类型的长、中、短期的有意义的培训。例如，以企业培训为主要形式的教学形式不仅能够帮助企业有针对性地培养人才，而且能弥补农村地区学习资源不充足的问题，帮助农民工解决就业问题。

3. 以社会人角色责任的约束

成人的学习需求管理不仅要考虑成人自身内部的学习特点，还要考虑成人作为社会人角色的特点。"社会人"角色使得成人不仅要承担社会责任，还要承担家庭、工作等责任。这些责任可以激发成人的学习需求，但也会限制成人的学习，主要体现在由于成人受到多种责任的驱使，成人在学习过程中无法拥有全日制学生那种整段的时间全身心地投入学习，成人学习易半途而废。因此，组织机构应重点关注成人的心理健康问题，帮助成人排解由于承担较多责任带来的压力，并且积极引导成人如何进行有效的学习，树立正确的学习意识，形成终身学习的理念。

4. 以道德价值观为主的约束

从法律角度来说，道德价值观是内在的法律。道德价值观是以一种社会心理作用来约束行为主体的观念，因此，建立具有道德价值观念的成人学习需求管理机制是对成人学员内在的价值观念约束。因此，在学习需求管理过程中，需要重点关注成人认知与情感的统一，并将成人的知、情、意、行作为成人学习的评价标准之一，进而促进成人个人素养的提升，培养成人正确的道德价值观念，帮助成人改正不良的学习行为，最终使成人养成良好的学习习惯，保障成人终身学习的质量。①

第三节　终身教育理念下成人教育助学机制创新

一、树立正确育人理念，提供资源保障

树立正确的成人教育育人理念，提供资源保障。当前，在成人教育中出现了无法保障成人应有的教育资源的现象，这种现象产生的主要原因是对成人教育的错误认知和定位。想要从根本上改变这一不良的现象，首先应该端正成人教育教学态度，坚持科学的"以人为本"的教育理念，并将其上升到成人教育的高度。教育的目标不仅在于提升学员的专业能力，使之和社会发展相匹配，而且在于对学员综合能力的培养，尤其对于一些在信息行业工作的学员来说，需要自身具备良好的职业道德，因此，还要加强对学员进行德育教育。

成人教育应该和一般教育受到同等的待遇，尤其是在资源供给上，应不断完善成人教育基础设施，在教室使用、教学设备使用上进行合理的安排，避免和相关学校的其他课程产生冲突。此外，由于成人教育主要以线上课程为主，对此需要提供专业的教师，并保证在线时长，保持和学员良好的互动，以此来保证成人教育教学质量。

二、秉承终生发展理念，改变教学学习态度

成人教育助学机制的初衷并不是通过相关的学习考试，而是提高学员的专业适用能力，使之与当前的社会发展相适应。通过以上分析可知，人们对成人继续教育的认知存在一定的偏差，因此，应采取措施改变成人教育参与者的态度。从成人教育参与者的角度而言，应该树立正确的学习理念，进行继续教育的目的不仅在于获得证件、满足职称需求，而且应该立足于个人终生发展、长期发展的基础上来看待成人继续教育。从教师的角度而言，应该提升自身对成人教育的认知，秉承科学的成人教育理念，在此基础上组织成人教育教学课程。但是从成人教育的目前发展情况而言，教师对成人教育的认知有待提高，这已经是一种社会化的问题，因此，仅依靠学校的引导是无法解决的，应该综合多方的社会因素，并通过制造正向的成人教育舆论来进行引导，进而推进成人教学助学机制的完善和创新。

---

① 黄遵红，张培．终身教育理念下成人学习需求的管理机制建设研究［J］．中国成人教育，2020
（3），3-8.

三、充实师资力量，提高师资教育水平

师资是保证成人教育的首要前提，因此，成人教育助学机制应重视成人继续教育，并针对成人继续教育的生源情况制定招聘计划，根据招聘计划展开招聘工作，制定严格的招聘标准，以此来保证成人继续教育的师资质量。另外，由于很多学校的成人继续教育主要以本校的教师为主，为了保证成人教育的教学质量，应该制定科学的课程管理制度，并针对此设置教师考核和相关的奖惩制度，以此来督促教师不断提高自身教学水平和教学能力，满足成人教学的需求。同时，为了保证成人教育师资充足，应对成人教育生源招生数量进行科学的预估，并根据成人教育数量成立专门服务成人教育的师资群体，以此来保证成人教育顺利进行。①

---

① 李静. 终身教育理念下成人高校继续教育助学模式的创新思路 [J]. 产业与科技论坛，2021 (11)，151-152.

第七章　终身教育视域下成人教育创新实践

第一节　终身教育理念下成人自主学习力的建设

1920 年，英国成人教育家贝塞尔·耶克里（Bessel Yeckley）在其论文《教育是一个终身过程》中首次提到"终身教育"。1965 年，法国著名教育家保罗·朗格朗在联合国教科文组织的成人教育促进国际会议期间，正式提出终身教育理念。终身教育和终身学习的思想被明确提出，是在联合国教科文组织出版的《学会生存》一书中。至此，终身教育理论开始受到各个国家的重视，也提高了各国对于终身学习的关注度。

我国对终身教育重视程度很高，《国家中长期教育改革和发展规划纲要（2010—2020 年）》提出构建学习型社会的要求，随着时代更迭周期的加快，知识体量快速增长，人的知识与技能的储备，一方面，很难满足社会快速发展，另一方面，难以满足人们对于全面发展和美好生活的向往。终身教育和终身学习正是立足于时代发展，又以现实需求为基点提出的，是当下人们应对社会转型的必然选择。将明晰终身教育的意义作为逻辑起点，深度探析终身学习的内核与样态，是推动实践层面的终身教育和终身学习的关键一环。

成人学习者的终身学习打破了传统学校教育的时空桎梏，基于学习者个体的现实需求而主动自发形成的学习活动，其核心在于学习活动发生的自主性。因此，针对成人学习者这一特殊群体，研究成人终身学习的本质和形态是推动终身学习发展的必然要求。自主学习力是终身学习的集中体现和必备条件，更是建设学习型社会的内驱力，是终身学习素养培养的关键环节，是终身教育的重要内容。

世界正经历百年未有之大变局，在变局之中的终身教育理念也应与时俱进，终身学习的本质和形态也应该得到升华，在要求成人学习者保持终身学习的共性精髓以外，更要使其把握时代和社会需要的特有内涵。厘清自主学习的实质是建构成人自主学习力的前提，对自主学习内涵的梳理能够揭示自主学习深刻的价值内涵，是契合终身教育背景下成人学习本来意义的应然回归，也是成人学习者践行终身学习理念的实然指向。

学习只要在元认知、动机与行为方面可以实现自主发展，就可以认定为学习是自主的。根据学习发生过程，可以强调自主学习不仅应是自主的，也应该是建构的。在成人学习过程中，通过发挥成人自主学习力，成人学习者能够综合调动智力因素与非智力因素，既能顺利完成学习目标，又能帮助成人学习者在日常工作、生活和社会实践中进行学习、体验和反思，更能推动成人想学、能学、会学、坚持学、互学，使成人形成自主学习的驱动力、自主学习的意识力、自主学习的应用力、自主学习的意志力、自主学习的互惠力。

成人学习者的自主学习是学校教育在时间和空间上的延伸。随着学习型社会的发展，"学会学习""终身学习"已经成为社会发展对人的基本要求。如何让人们意识到"终身学习"的重要性，如何让人们"学会学习"，归根结底是要回到"学习"这个中心主题上。成功的学习是多种因素相互整合的结果，要使"学习"达到既定的效果，让学习发挥作用，关键是要关注学习主体，也就是学习者本身。因为学习的出发点和落脚点离开了人的存在，便毫无价值可言。挖掘学习者的内部潜力，激发学习者的自主性，让学习通过学习者内部力量起作用，才能从真正意义上实现学习者主体的觉醒，让学习者"学会学习"，从而为其进行终身学习打下坚实基础。因此，自主学习力是一个人学习生涯的根本动力，是支持和推动学习直接影响个体学习效率的内在力量。

一、终身教育理念下成人自主学习力的维度系统

成人自主学习力整体维度包括自主学习内驱力、自主学习意识力、自主学习应用力、自主学习意志力、自主学习互惠力五个维度，涉及动力、认知、调节、情谊、互动五大系统。

(一) 终身教育理念下成人自主学习力的维度

1. 自主学习驱动力

自主学习驱动力是成人学习者能够进行自主学习的根本前提，其对应自主学习的动力系统，指向"想学"。学习者内在的学习驱动是衡量学习是否自主的重要依据。内在驱动力是自主学习不可缺少的内部条件，而成功的学习是引导学习者"想学"。因此，应唤醒成人学习者"想学"的内在力量，激发他们对自主学习积极的向往。自主学习的内在动机性成分，主要包括自我效能感、价值意识、目标定向、学习兴趣等，学习者在这些动机成分上表现出来的特点，将直接影响其内在学习动机水平。

首先，自我效能感是学习者对自我学习成效是否有信心、有能力的内在判断。成人学习者的自我效能感越高，越能践行自主学习的活动，从而提升自主学习力。其次，学习者对于自主学习的态度以及价值预期，对学习同样具有重要意义。由于成人学习者的学习具有自我需求导向，如果学习者对学习结果具有较高的价值预期，成人学习者会更加愿意践行自主学习。再次，成人教育学习者作为特殊群体，其自主学习意向的产生受到现实目标定向所引导，并基于

现实需求进行自主学习。因此，合理的目标导向对于推动成人学习者自主学习具有重要作用。最后，自主学习兴趣的挖掘对于成人学习者自主学习力的培养作用十分显著。同时，兴趣作为一种学习动机要素，无论是外部的、被动的情景兴趣，还是内部的、主动的本我兴趣，都会促进提高学习者学习的主动性和自觉性。

2. 自主学习意识力

自主学习意识力是学习者对学习活动最初的理解和认识，是从意识层面让自主学习实现的基础，对应自主学习的认知系统，指向"能学"。对于成人学习者终身学习过程而言，培养自主学习力既是当下需要，又是未来需求。自主学习力的培养和提升要立足于学习者自身，重点以"自主"身心发展为基础，换言之，面对学习活动，成人学习者的认识基础应做到"能学"，因为意识到自身发展变化，是引发学习者动力最可靠、最有效的方法。从发生学的角度而言，自主学习产生于自我意识之后，自我意识是自主学习基本的内部条件。

现代认知心理学认为自我意识就是元认知，而约翰·弗拉维尔（John Flavell）从元认知知识、体验和监控三个层面诠释元认知。自主学习意识力指学员能够自主、能动、科学地对学习活动做到感知、认识和理解，能够对学习进行体验和实践，并自觉对学习本身进行监控和调节。成人学习者只有具备较强的学习意识力，具有"能学"基础，才能更好地促进自主学习进行，进而为培养成人学习者自主学习力奠定基础。因此，成人学习者只有将学习活动作为意识对象，发展自主学习的元认知，才能开展自主学习，对成人学习者自主学习的意识层面提出更高要求。

成人自主学习意识力的培养，首先，要求成人学习者能够感知到自主学习的方式；其次，让他们愿意运用自主学习方式开展学习；最后，发展到喜欢在学习过程中运用自主学习方式，并认为这种现象的发生非常有价值。通过转变学习者对自主学习内在心理认知逻辑，逐步认同自主学习的学习方式，在意识层面为培养成人学习者自主学习力打下思想基础，达成学习认知、学习情感、学习行为的统一。

3. 自主学习应用力

自主学习应用力是学习者在进行自主学习过程中运用以及调节学习方式方法的能力，是自主学习得以进行的基本保障与关键要素，对应自主学习的调节系统，指向"会学"。自主学习应用力是自主学习力的策略调节系统，是成人学习者在"想学""能学"基础上，综合运用多种方式进行内容表征的方法。

成人学习与学校学习相比，其指导性和规范性较差，特别是面对相对困难的学习任务时，学习成果往往事倍功半，长此以往会打击学习者的积极性。成人学习者如果缺少科学的自主学习策略，也会导致学习效率不佳。因此，应遵循由低级到高级的认知过程，提出学习活动过程涉及识记、理解、运用、分析、评价、创新等能力的综合运用。由此可以看出，自主学习应用力是构成自主学习力的重要因素。

4. 自主学习意志力

自主学习意志力是强调成人学习者在"想学""能学""会学"这一学习过程中能够调动自身的内部力量，克服困难。坚持的惯性力量，是学习者自主学习持续进行的重要精神保障，对应自主学习的情谊系统，指向"坚持学"。

古今中外，教育成果的达成从来都不是一蹴而就的，而意志力的参与是保证学习取得成效的关键因素。自主学习意志力是成人自主学习成功与否的重要保障，也是让成人学习者保持持续学习、持续续航的前进力量，更是成人学习者心理自控、专注、抗逆等品质的综合表现。对意志力的强调不应只看影响学习者自主学习的外在因素以及客观条件，而忽略成人学习者作为学习主体的内部力量。因此，自主学习意志力是学习者在"想学""能学""会学"逻辑基础上，调动个人内在的情绪系统，从而做到"坚持学"。

成人学习者的自主学习是一种非正式学习，会出现来自外部工学矛盾的困扰，加之学习者自身基础较差、意志不坚定等问题，成人学习者很难做到长时间专心致志、有条不紊地学习。因此，成人学习者成功的关键在于坚持，而使学习得以坚持的力量是意志控制，意志控制对自主学习具有强烈的维持功能。

5. 自主学习互惠力

自主学习互惠力是学员自主学习的互动维度，是成人学习者的社会性以及在社会环境中的整合能力，代表活动、对话和合作。成人学习者将学习活动进行社会互动化以后，能够在自我学习能力基础上将自身的学习经验扩展到其他范围的能力，对应学习的互动系统，指向"互学"。

人是社会的产物，成人学习者所发生的学习行为同样具有社会属性。成人学习者自主学习互惠力的培养是指让成人群体将学习活动作为社会活动的一部分，在互动基础上促进自主学习效果的提升。一方面，成人学习者具有社会属性；另一方面，成人学习者的学习目的具有社会导向。丹麦学者克努兹·伊列雷斯（Knud Illeris）在其著作《我们如何学习：全视角学习理论》一书中提出"作为能力发展的学习"的三角图模型，包括学习内容、动机和互动三个维度。

学习的互动是学习者的社会性以及在社会环境中的整合能力，包括学习活动、学习对话和学习合作。学习活动作为社会活动中的重要部分，离不开个体与群体之间的相互作用，因此，需要强调成人学习者互惠力的重要性。自主学习互惠力是学习者在自主学习基础上，能够向人学习、助人学习，最终具备互动以及协作学习的意识与能力。

（二）终身教育理念下成人自主学习力的系统

在终身教育理念下与成人自主学习力的维度基础上，进一步从动力系统、认知系统、调节系统、情谊系统、互动系统中对二级指标和观测点进行质和量的细分。终身教育理念下成人自主学习力的系统主要包括以下五个方面。

第一，动力系统。在动力系统所对应的自主学习驱动力一级维度下，划分出自主学习动机、自主学习兴趣、自主学习态度三个二级指标，其中，自主学习动机包括内部动机和外部动机两个观测点；自主学习兴趣包括个人兴趣和情景兴趣两个观测点；自主学习态度包括学习的热忱、自主性和自我效能感三个观测点。

第二，认知系统。在认知系统所对应的自主学习意识力一级维度下，划分出元认知知识和元认知体验两个二级指标。其中，元认知知识包括认知的主体、任务和策略三个观测点；元认知体验指从事认知活动时产生的认知和情感体验观测点。

第三，调节系统。在调节系统所对应的自主学习应用力一级维度下，划分出一般学习策略和具体学习策略两个二级指标。其中，一般学习策略包括分解目标和管理时间两个观测点；具体学习策略包括识记、理解、运用、分析、评价、创新六个观测点。

第四，情谊系统。在情谊系统所对应的自主学习意志力一级维度下，划分出自主学习自控力、自主学习专注力、自主学习抗逆力三个二级指标。其中，自主学习自控力包括计划、调整、提取三个观测点；自主学习专注力包括注意力、自我克制力、保持专注的耐性与持久度三个观测点；自主学习抗逆力包括积极面对问题、科学解决问题、善于总结经验三个观测点。

第五，互动系统。在互动系统所对应的自主学习互惠力一级维度下，划分出自主向人学习、自主助人学习、自主协作学习三个二级指标。

二、终身教育理念下成人自主学习力的建构路径

（一）动力为前提，激发自主学习力

基于终身学习的理念建设成人自主学习力，需要从成人学习者的内驱力着手，激发成人学习者对自主学习的兴趣，并在此基础上对自主学习进行理解和认同，这是成人学习者自主学习行为得以发生的前提。

首先，成人学习者的个人兴趣是推动成人自主学习的动力，成人学习者的现实需求与已有经验是成人自主学习的重要基础和行动框架。因此，成人自主学习力的培养要在激发兴趣的前提下，充分调动成人学习者的已有知识与技能进行学习活动。

其次，成人学习者的需要是自主学习的最直接动力。马斯洛的需求层次理

论指出，人生价值的最高追求是自我实现的需要。随着科技进步和社会发展，人的需要不仅停留在物质层面，而且自我发展和精神层面的需要越来越强烈。精神层面的追求对于人的自主学习活动的开展具有重要的驱动作用，进而会使人产生自主学习的动机。

最后，成人学习者的热情和自我效能感是自主学习取得成功的深层且持久动力。针对成人学习者的学习模式，必须把握成人自主学习的特有规律，强调在尊重和平等基础上的自愿行为。

（二）理念为引领，认知自主学习力

时代的进步与发展昭示着学习是一个永无止境的活动，贯穿人的一生。终身教育理念的背景下，终身学习是实现理论与实践相结合的必由之路，自主学习又是实现终身学习的关键内核。元认知包括元认知知识、元认知体验与元认知监控三个要素，实际上是个体关于认知的认知，是个体在自我认知加工过程中的自我觉察、自我反省、自我评价与自我调节。

成人学习者只有秉持终身学习的理念，认识到自主学习的意义所在以及塑造自主学习力的价值，才能真正从认知层面感知自主学习力，提升个人的认知素养，让自主学习发生，为成人自主学习力的建设提供思想基础。因此，理念引导对于成人学习者自主学习力的建设意义重大。

从社会层面而言，成人教育领域要营造终身学习和自主学习氛围，在整体环境引领下唤醒成人自主学习意识，分析成人自主学习的特点和优势，转变成人学习者的固有观念，增强成人学习者的学习兴趣和信心，让成人学习者意识到自主学习力的培养对于他们未来发展的重要性，从思想上扫清成人终身学习的障碍。

（三）策略为重点，淬炼自主学习力

成人学习者自主学习力的塑造不仅需要学习者的认知与情感因素，更需要合理的自主学习策略支撑。

一方面，成人学习者在自主学习过程中需要具备制定目标和管理时间的方法。在这一过程中，不可避免地会出现"工学矛盾"和"供需矛盾"，矛盾的实质指向是时间和目标，而解决矛盾的关键是成人学习者能否科学地制定目标、分解目标、完成目标以及合理地掌握时间、运筹时间。由于成人学习者的身份和所处环境具有一定特殊性，其目标的制定带有临时性和随机性特征，很难做到科学合理地制定和执行目标，目标达成效果不尽如人意，加之成人学习者自主学习以业余时间为主，时间碎片化严重，对时间的掌控和支配很难，也难以养成良好的自主学习习惯。因此，培养成人学习者自主学习力需要基于成人学习者的自身特点，有节奏地制定目标、分解目标，并在此基础上，科学合理地分配时间，按计划有目标地进行学习，既在工作之余学习，又在工作之中学习。

另一方面，成人学习者在自主学习过程中，更要从学习本身出发，寻求策略支持。信息智能社会的发展给成人自主学习提供了更多方式和机会，成人自主学习要充分考虑自身需要以及时代特征。因此，在成人教育领域不仅应该重视学习方式的多元化，更应该利用现代智能平台，丰富学习方法与工具，不仅解决成人学习者自主学习的时空问题，更能充分基于学习者自身需要和特点，发挥工具为人服务的效果。

（四）互动为依托，强化自主学习力

成人学习者由于特殊的社会经验背景，其学习活动属于其社会生活的重要组成部分。建构主义学习观认为学习是学习者基于自身已有的经验，对学习对象进行主动建构过程。因此，成人学习者自主学习的内容与结果本没有内容规定与标准答案。成人自主学习力的培养不应该背离学习者学习的目标需求和本质属性，自主学习的最终目标还需要聚焦学习者本身和社会问题。因此，成人学习者的学习应该是在自主基础上的合作学习和交互学习，不仅可以加强生生之间、师生之间的深入探讨，让不同观点交流与碰撞，而且可以使成人学习者跳出固有的思维模式，在助人基础上实现合作学习与共同成长。强调成人学习者社会互动学习力的培养，既能从个人层面助力自我发展，也能从整个社会环境的角度，形成人人学习、相互学习的和谐美好的学习型社会。

在终身教育背景下，终身学习已经是当今世界各国对社会发展的共同追求，应关注终身学习在个人成长发展意义上的内在价值，更要重视个人如何通过自主学习实现终身学习，促进整个社会成人自主学习力的形成，为学习型社会建设和时代发展提供持续性能量。

自主学习力是终身学习中最关键的部分，在终身教育理念指导下，成人自主学习力不应该只停留在智力因素层面，更应该从人的发展视角，强调其非智力因素构建成人自主学习力，致力于打造全面的、可持续发展的人。

构建成人自主学习力是当今学习型社会建设的内在要求，更是实现我国2035 年远景目标和建设学习强国的关键环节。[①]

第二节　基于终身教育的老年开放教育体系构建

一、用开放理念指导办学实践

针对老年群体的特点来定制课程，使他们的个性化学习需求真正得到满

---

① 张立影，吴坤埔 . 终身教育理念下的成人自主学习力建设［J］. 河北大学成人教育学院学报，2021（1），14-20.

足，按学习者的需求安排师资、配备教室等，这是开放理念的具体要求。此外，老年开放教育的开放性还体现在对服务对象的开放，针对的学员不仅是那些有学习需求的老年人，也有包括老年人的亲属以及相关的养老产业从业人员等。因此，设置的课程除了舞蹈、书画外，还要针对养老服务人员设置心理、护理、金融、法律等一些技能型、实用型的课程。

二、构建微教育教学模式

传统老年人的教育教学体系大多是"以教师为基础"，这种教育教学体系的不足在于灌输式教育、课堂气氛沉闷、教学形式落后、课堂由教师掌控。互联网的课堂上主要学习动机是老年学员的自身需求，因为计算机技术发展较快，所以在老年教育课堂中也开始广泛地应用，在这种形势影响下，"微教育"便应运而生。"微教育"为老年人学习提供了很多便利，还有利于老年人的学习体系及自身的思维模式得到深化。当前的教育观念是受教育者对于教育者的要求是否可以接受，其关键因素是受教育者的主观能动性。在教育环节中，老年人是学习的主体，教育的基础是教师，老年人与教师之间的关系是相辅相成的，要想顺利完成教学任务，必须靠双方的努力来实现。教师应该以教育活动基本情境的构建为前提，设计具有指向性和针对性的教学内容及形式，为老年人提供指导，激励他们积极参与其中。

以"睦邻课堂"为例，课堂上设置的问题必须紧紧围绕课堂教学需求，以小组为单位，鼓励老年人开展有针对性的研究。小组成员经过"微教育"学习后可以进一步讨论，经过"争执""妥协""合作""收获"的过程后可以对老年人的学习积极性深入挖掘，通过竞争与协作能使其学习到更多的知识。

三、积极开展在线教学

实现教学任务具体化是教学活动主要的目标，也是双向教学活动要达到的结果。要根据老年学校的发展深化多方合作，确立"教育资源联盟"这一理念。"教育资源联盟"构建的关键在于积极探索互通的课堂平台运行体系、衔接互联网。在老年教育中应用互联网服务，通过"在线学习"的教育模式，教师负责构建问题情境，老年学员在教学活动中成为课堂的主人，在这种情况下老年学员就能产生身临其境之感。以传授饮食文化为例，教师可以为学员讲解传统饮食文化、节日饮食习俗，组织学员进行实践活动，如参加包粽子大赛等。师生在活动中应该相互学习，并且多加沟通，使老年学员对我国传统的饮食文化有更深刻的感受，教学任务也就在愉悦的氛围中完成了。教师要在课程的最后做出相应总结，对老年学员加强传统文化方面的教育。

四、整合资源延展到企业

就当前的老年教育发展而言，影响其发展的一个主要因素就是缺少足够的资金。目前，教学活动质量不佳、基础设施不完善、师资不足已经成为很多老年大学面临的问题。可以采取校企合作办学模式，对老年大学的办学理念、办学经验以及企业丰富的社会资源加以整合，从根本上保证所开展的是以教育为核心的养老服务产业。这种合作模式为企业提供公益平台，学校在发展老年开放教育的过程中有新的能量输入。

在教学实践时学校应注意的问题：提高对校企合作模式的认识。企业延伸指的是体现出"政、产、学、研"相结合的老年教育模式，并且其合作的基础是多元化资源的有效互动。教育空间要不断拓宽，并且对教育机制进行创新。为此，学校要寻求与企业合作的机会，深入了解合作企业，掌握该企业的基本情况和发展前景，保证对接工作的合理到位。双方应该加强文化交流。因为企业和学校的关注点和文化是不同的，所以对于组织活动交流学习要重视起来。做到诚信合作、加强管理。目标企业必须要慎重定位，使合作事项达到制度化及合同化要求。

五、开展多样化的老年教育活动

对于老年开放大学而言，"线上"学习设计非常重要，同时也要注重开展"线下"活动，并且进行精心组织设计，确保与志愿服务方式全面结合，对老年人的群体活动加大开展力度，消除老年人的孤独感，从根本上满足老年人的爱好及需求等。可以定期举办养生保健、大讲堂等活动，丰富老年人的生活；也可以组织老年人参与多项活动，例如，健身旅游、才艺展示等，发挥老年人的社会作用，在老年人的社会认可度得到提高的同时，也能够增进老年人的身心健康。[①]

第三节　终身教育视角下成人教育师资队伍建设

成人教育是我国教育体系的重要组成部分，与普通教育相互依存、相互完善，共同组成了终身教育体系。它为我国社会主义现代化建设输出了大量的合格人才，在提高人民文化素质、促进经济发展方面做出巨大贡献，成为终身教

① 吴雨桐，何红，周晨.基于终身教育的老年开放教育体系构建研究［J］.黑龙江教师发展学院学报，2021（2），148-150.

育的重要发展方向。"教育大计，教师为本"，要发展成人教育，就必须做好成人教育师资队伍建设工作。只有不断壮大成人教育师资队伍，提高成人教育师资水平，才能促进成人教育事业的可持续发展，才能有助于公民整体素质的不断提高，才能有利于人才强国战略的实施。

一、终身教育视角下成人教育师资队伍建设现状

终身教育视角下成人教育师资队伍建设现状如下。

第一，师资力量不足。可以将成人教育工作者分为四类：成人学习的直接指导者、成人教育项目的设计和促进者、成人教育项目管理者、成人教育研究者和协会领导人。由此可见，成人教师是成人教育工作者的重要组成部分。但是，目前，成人教育的教学工作更多的还是依靠普通高等院校的教师或其他企事业单位的人员来完成，真正意义上的专职教师很少，甚至没有。成人教育师资力量不足，严重制约了成人教育工作的顺利开展。

第二，师资结构需要调整。在年龄结构方面，成人教育师资队伍呈现青年教师和老教师人数较多，中年教师少，这不利于师资队伍水平的稳步提高。在职称结构方面，成人教育师资队伍是典型的"金字塔"形态，高级职称的教师所占比例很小，中级职称的教师人数次之，人数最多的是拥有低级职称的教师，这不利于教师优势的发挥。

第三，教师专业能力有待提升。教师专业能力有待提升主要表现在：教师工作态度不积极，备课缺乏责任心，课后的辅导及作业批改不认真；授课形式单一，没有考虑学员之间的差异，采用简单的填鸭式的教学方法，无法调动学员的积极性，影响教学效果；理论与实践相结合的能力较差，一部分教师理论基础扎实，但实践能力欠缺，还有一部分教师有丰富的社会实践经验，但没有授课技巧，很难得到学员的认可。

二、终身教育视角下成人教育师资队伍建设策略

(一) 提高认识，树立终身教育理念

随着时代的发展，终身教育的理念越来越深入人心。但是由于成人教育的特殊性，个别教师素质需要提高，其自身不积极学习新知识、掌握新技能，导致课堂教学效果非常不理想。成人教育的教学对象很大一部分都是在职人员，他们希望通过接受再教育来掌握一定的实操技能，更希望顺利通过考核，获得相关证书。对于他们而言，教师上课只讲授陈旧的理论知识显然是没办法满足需要的，因此，作为成人教育的教师，更应该树立起终身教育的理念，并坚定地贯彻执行该理念，利用工作之余不断学习，掌握专业发展新动态，不断充实

自己、提高自己。

(二)完善制度,充实成人教育师资队伍

首先,相关部门要对成人教育师资有一个明确的定位,将成人教育教师的任职条件、权利与义务等给予明确规定,为成人教育师资队伍建设提供有力保障;其次,需要建立并完善成人教育师资队伍准入制度,对成人教育教师的年龄、学历、专业、技能等提出基本要求,建立起一支专职的成人教育教师队伍,从根本上保证成人教育师资队伍的质量;最后,可以从所依托的高校聘请专业教师或者从校外聘请行业企业的专家和技术人员担任兼职教师,并对其进行管理、考核与奖励,逐渐形成一支稳定的兼职教师队伍。

(三)加强培训,提高教师整体素质

建立一支专业素质突出、专兼职结合的成人教育师资队伍,最重要的就是对教师进行培训。在学校内部,学校引导有条件的教师通过培训、再学习等方式达到"双师"水平或取得"双师"资格;学校通过选派教师到大学进修学习,到企业定岗工作或实习锻炼,鼓励教师参加各种专业等级培训和技能鉴定等途径,提高教师的专业技能和实践能力。在学校外部,利用校企合作这一契机,从企业招聘合格的专业人才进入学校,加入教师行列,以此来组建一支高素质的"双师型"师资队伍。除此之外,要注意提高教师素质,在师德建设上,培养教师高尚的精神和良好的情操以及爱岗敬业、热爱学员等职业道德;在业务工作上,要"一专多能",具备扎实的基础知识、良好的专业知识与实际操作技能以及其他所需知识;在科学研究上,要结合自己的工作,不断探索。

(四)重塑角色,强化现代成人教育观念

在终身教育背景下,成人教育教师不再只是知识的传授者,同样也是成人发展的促进者、教学过程的引导者、学习兴趣的激发者,成人教育教师必须接受自己的新身份,重塑新形象,实现教师角色的转换。只有这样,才能从根本上转变固有认知、发现自身不足、产生学习需求、不断提高自己,从根本上促进成人教育师资队伍建设。

综上所述,成人教育师资队伍虽然在不断发展壮大,师资力量也得到了提高,整体建设取得了很大的进步,但是仍然有许多不足需要改进。成人教育师资队伍建设要立足于成人教育特点,建立专兼职结合的教师队伍,更要注重教师职业技能的提高,培养出素质过硬的双师型教师。[①]

---

① 霍玉洁.终身教育理念下成人教育师资队伍建设〔J〕.现代交际,2019(20),167-168.

第四节　终身教育视域下成人教育校企合作创新

成人教育是我国教育事业的重要组成部分，在现代教育发展进程中具有重要的地位。在我国教育事业发展过程中，要想发挥成人教育效度，需要从人才培育模式上进行转变。在终身教育视角下，成人教育立足于社会发展需要，实现校企合作育人模式，不仅促进学员知识、技能的增长，还更重视学员素养、思维、能力的提升，使学员满足社会发展需要，进而增强成人教育办学质量。因此，研究终身教育视角下成人教育校企合作存在的问题与策略十分重要，不仅是学员未来合理就业的需要，也是成人教育改革的需要。

一、终身教育视域下成人教育校企合作现状

终身教育视域下成人教育校企合作现状如下。

第一，重视度不足。成人教育开展校企合作育人模式，是践行素质教育理念的一种有效渠道。其不仅注重学员知识、技能的教育，更重视学员素养教育，培养学员岗位技能、职业工作技能、职业工作素养、职业工作思维，使学员在未来发展中能从容地面对工作模式，进而使学员满足社会发展需要。然而，学校、企业对校企合作认知度不足，不仅影响到校企合作育人模式的开展成效，阻碍学员终身教育的开展与培育，还导致学员综合素养较低。

第二，师资力量薄弱。校企合作的开展，为培养学员的实践能力提供了平台，即学校教育肩负教育学员职责，而企业肩负培养学员知识运用能力职责，为学员提供展示平台，让学员融入真实的工作岗位中，引导学员运用所学知识解决岗位实际问题，在问题解决中发展思维，积累工作岗位经验，进而为学员未来发展奠定基础。而在校企合作开展中，需要良好的师资力量支撑，引导、教育学员，促进学员更好地融入实训中。然而，就当前成人教育校企合作模式而言，师资力量较为薄弱，不仅影响到成人教育校企合作开展效度，还导致学员职业素养培育不佳。

二、终身教育视域下成人教育校企合作要求

（一）明确的教育目标

围绕创新型、应用型人才培养标准，立足于成人教育形式，根据校企合作育人模式，调整专业课程教学形式，明确教育目标，进而彰显成人教育价值，是成人教育校企合作开展的实际需求。

（二）严格的教育制度

从成人教育制度出发，立足于校企合作模式，根据专业岗位发展需要，鼓

励企业参与到其中，协同构建实训基地，为学员思维培养、技能培养、专业培养提供平台，进而提高成人教育人才培养质量。在成人教育制度明确下，根据成人教育实际发展需要，在以往教育制度体系上，结合校企合作模式，细化相关的教育条例，增强制度的针对性，严格教育制度，进而促进成人教育教学的开展。

（三）科学的教育方法

在终身教育的视角下，明确成人教育过程，是促进成人教育质量提升的有力保障。基于传统教育模式，学员学习积极性不足，这影响了学员专业化能力的培养。因此，以校企合作为导向，创新成人教育模式，需要打破单一的授课模式，根据学员的实际发展需要，采取多元化教学方法，为学员开展专业教学活动，如采取情境教学方法、导入教学方法、项目教学方法等带动学员学习积极性，使学员参与到学习活动中，进而使其收获知识，提高自身能力。

（四）新颖的教育内容

以校企合作为导向开展的成人教育形式，应明确教育内容，增强教育内容的针对性。在传统教育中，教师较为重视专业理论内容教育，忽视实践内容教育的重要性，这使学员实践能力不佳。因此，在终身教育的视角下，应重视专业理论内容与实践内容的融合，共同引导、教育学员，增强成人教育内容的合理性、针对性。同时，成人教育内容应立足于岗位发展需要，根据岗位场景，创新专业教育内容，使教学内容贴近学员实际发展需要，进而促进学员更好的就业。

三、终身教育视域下成人教育校企合作创新机制

在终身教育视角下，成人教育开展校企合作模式，关注校企合作主体诉求，满足各方利益，促进校企合作长效机制的构建。在构建校企合作长效机制的过程中，相关部门、企业、教育领域应发挥各自的作用，一同参与到其中，增强成人教育的有效性，为社会发展培养应用型人才。相关部门应发挥引领作用，一方面，在政策方针上进行扶持，鼓励成人教育与附近企业合作，给予政策上的引领，促进合作的有效性；另一方面，加强校企合作宣传力度，提升自身认识，使企业、成人教育机构意识到校企合作的重要性，积极融入校企合作办学机制中，因此，终身教育视域下成人教育校企合作创新机制需要注意以下两个方面的内容。

（一）运用互联网教育资源

在促进成人教育模式创新中，应有效地运用互联网教育资源，较好发挥成人教育教学形式，满足学员个性化学习需要，提高成人教育质量。通过互联网教育资源的运用，如微课、慕课等，为学员开展线上线下教学模式，提高学员

自主学习能力，推动校企合作育人模式的开展。例如，在学员实习期间，教师借助互联网平台，定期为学员发布所需的教育资源，学员利用闲暇时间获取资源，通过学习将所学知识运用到实训中。并且，通过互联网教育平台，教师能够给予学员针对性的在线指导，学员及时反馈在实习期间遇到的问题，教师根据问题，进行在线解答，进而增强学员实习能力。

（二）构建校企合作实训基地

在终身教育的视角下，成人教育需要促进实训基地的建设，为学员实训提供平台，使学员实现个人能力水平提高。在成人教育中，成人教育机构应借助校企合作模式，与企业一同建设实训基地，企业在实训基地的建设中应扮演好自身的角色，根据企业岗位实际情况，协同成人教育机构一同建设实训基地，提高人才培养质量。

在实训基地的建设中，可以细化专业形式，根据企业提出的建议，为学员构建真实的岗位氛围。例如，为英语专业学员提供口语交际场景、为医学专业的学员提供医学实验室等，满足不同专业学员实训需求，增强实训基地构建的有效性，进而提高成人教育质量。与此同时，借助校企合作模式，培育双师型教师，建设优秀的师资队伍，增强教师专业化能力与素养，进而促进教师向专业化、专业化方向发展。

综上所述，在成人教育的发展过程中，应该构建成人教育校企合作人才培育模式，实现企业与教育的合作，增强成人教育学员的职业素养，使其满足社会发展需要，进而提高成人教育质量。在终身教育视域下，成人教育应当做好自身教育教学工作，开展有效的教育教学活动，为培养学员的实践能力提供平台。以校企合作为导向，创新成人教育模式，践行素质教育理念，重视教育形式的创新，促进教师教学方法的创新，培养学员终身学习意识。

结　束　语

　　本书全面系统地研究了成人教育管理方面的创新，依托终身教育及我国成人教育理论研究及实践情况，总结了终身教育视野下的现代成人教育管理的创新体系。从终身教育的角度，对成人教育的发展历史、基本概念、学科性质、理论基础和组织管理进行了全面的梳理，较为深入地把握了成人教育的基本问题、理论框架和发展趋势。对成人高等教育管理相关的基本问题进行了较为全面、系统的论述，以期推进终身教育视域下的成人教育学科建设与成人教育的实践，为促进我国成人教育事业健康有序的发展贡献一分力量。

参 考 文 献

别同玉，许加生，2010. 论成人教育的教学策略［J］. 成人教育，30（6）：37-38.

陈海强，2021. 成人教育高质量发展的路径选择与运行范式［J］. 中国成人教育（7）：22-28.

段丽琼，曾青云，2021. 中国成人教育的制度生态建设［J］. 成人教育，41（8）：1-5.

宫新荷，曹伟慈，2021. 教育 4.0 时代我国成人教育发展的思考［J］. 成人教育，41（6）：6-10.

黄遵红，张培，2020. 终身教育理念下成人学习需求的管理机制建设研究［J］. 中国成人教育（3）：3-8.

霍玉洁，2019. 终身教育理念下成人教育师资队伍建设［J］. 现代交际（20）：168，167.

蒋丽丽，2017. 成人教育理论研究新探［J］. 成人教育，37（5）：11-13.

竞明亮，2013. 成人教育定义新论［J］. 成人教育，33（6）：58-60.

李静，2021. 终身教育理念下成人高校继续教育助学模式的创新思路［J］. 产业与科技论坛，20（11）：151-152.

李爽爽，吴刚，高翔，等，2020. 成人教育学核心原则在人力资源开发中的应用［J］. 生产力研究（11）：134-137.

李小艳，曾青云，2021. 成人教育学的社会功能［J］. 成人教育，41（4）：1-5.

李迎雪，曾青云，2020. 中国成人教育体系的当代转换［J］. 成人教育，40（8）：1-5.

李中亮，谢清理，2018. 从碎片化到整体化：成人教育科研的应然走向［J］. 河北大学成人教育学院学报，20（3）：29-34.

梁峰，2020. 指向"深度学习"的成人教育教学策略探索［J］. 成人教育（5）：85-88.

刘晨曦，于敏章，2021. 终身学习视角下我国成人高等教育质量的思考［J］. 继续教育研究（4）：47-50.

柳士彬，朱涛，2014. 现代成人教育管理［M］. 北京：中国人民大学出版社.

祁伟，2019. 终身教育视角下成人高等教育校企合作存在的问题与模式创新探析［J］. 创新创业理论研究与实践，2（19）：130-131.

田佩瑶，2021. 当前世界成人教育改革的趋势［J］. 继续教育研究（2）：24-26.

王文树，2021. 成人高等教育招生制度改革创新研究［J］. 继续教育研究（4）：59-61.

王霞，2017. 现代成人教育新模式的挑战与对策［J］. 新教育（14）：70-72.

王欣，2019. 终身教育时代成人教育发展分析［J］. 中外企业家（18）：150.

吴雨桐，何红，周晨，2021. 基于终身教育的老年开放教育体系构建研究［J］. 黑龙江教师发展学院学报，40（2）：148-150.

杨少曼，2021. 成人教育学籍管理创新与实践探索［J］. 科学咨询（科技·管理）（7）：32-33.

叶忠海，2011. 现代成人教育学研究［M］. 上海：同济大学出版社.

袁璟瑾，2021．我国成人教育扶贫的历史演进与嬗变趋势［J］．教育与职业（7）：95-99．

张登峰，2020．终身教育视角下成人高等教育的师资困境与突破［J］．继续教育研究（4）：7-10．

张立影，吴坤埔，2021．终身教育理念下的成人自主学习力建设［J］．河北大学成人教育学院学报，23（1）：14-20．

赵海燕，2020．试论终身教育体系的建构及其行动方略［J］．吉林广播电视大学学报（9）：102-103．

郑淮，马林，李海燕，2015．成人教育基础理论［M］．广州：中山大学出版社．

郑苗苗，桑宁霞，2020．中国成人教育学的规制与觉醒［J］．中国成人教育（16）：15-19．